課堂外的媽媽經：
「粉紅豬」老師的教學日誌

黃淑青 著

獻給親愛的家人 ——你們是我的「幸福基底」

謝誌

感謝黃瑞琴教授，不僅在學術領域上指導論文，這次出版小品再次懇請教授協助寫序文，老師答應的當下內心充滿感激。隨著小品書寫接近尾聲，不代表寫作得畫上休止符。回想這半年來還真的得感謝「三級警戒」，讓一直過著有點忙碌生活的我「暫時停止」忙碌，得以好好回顧這六十幾年的人生。

這一路走來除了自己努力不懈外，還要感謝身邊周遭的家人、親朋好友（郡秋與素華構想溫馨的小品雛型，三哥催稿，瑞琦的鼓勵，惠美、淑連、娜慧的肯定及小學同學運賜與研究所同學瑩蓉的校稿，以及正芬與編輯團隊的熱心奔波張羅出版事宜），小兒子時時給予的打氣，當然更要感謝的是老爺與女兒的潤筆及校稿，得以使文章更加順暢流利。

感激出現在我人生中的所有貴人，您們的出現讓我擁有這精彩的經歷與養分，讓我人生添增繽紛的色彩。再次感謝瑞琴教授、親愛的家人、親朋好友與所有協助完成小品的人士。謝謝！有您們真好！

Contents

Chapter 1　收藏在話匣子的記憶

推薦序 閱讀生活——生活書寫

起初是碩士班的學生、之後其實更似好友的淑青，將臉書上與親友分享的篇章、話匣子，集結成書，讓更多的讀者大眾，也有幸閱讀淑青在生活中凝聚的智慧與樂趣，大家一起來共讀，真是美好的共享經驗！

首先一看到書中 99 篇文章標題，有的幽默、有的溫馨、有的懸疑、有的新潮、有的古意、有的俏皮，讓人等不及地想去一探文中究竟在寫些什麼樣的人生樣態、人情事理？淑青在書中寫的篇章、打開的話匣子，都是真實生活的日常，但不是那些無謂的日常瑣事，而是從自身家庭、職業、社群、旅遊等多重生活心境，提煉出有其意義、情意、和價值的精華，字字珠璣，發人深省和情感共鳴。

在書中，我們可以聽到日常語言傳達的生命情意，例如兒時母親諄諄教誨的台灣母語、家中老爺烏鴉似的善意提醒、孩子爭辯回嗆也能貼心回應，以及自我內心深層喜怒哀樂的抒發表白。在書中，我們可以看到日常意象展現的生命價值，例如教導孩子吃完食物和鉛筆盒盡其用的惜物、運用生活素材一草一木插花的生活美學、蜈蚣咬手指的生命脆弱與想活，以及藺草帽蘊藏著想念母親的味道。在書中，我們還可以欣賞到一般網路文字較缺乏的文字之美，直白的描述，穿插婉轉的明喻或暗喻，言簡意賅，意味深遠飽滿，需要讀者細細且慢慢品味，像極了品味人生的日出日落！

讀後有所心動，我們也可像淑青一樣地萌發讀寫生活的「斜槓人生」，就如同細膩讀懂孫女東摸西摸其喜愛物品的動作表情，而寫出心連心的祖孫情，我們也可用心讀懂和寫出生活日常各式各樣人地事物的意義、情意、和價值，共同凝聚和延續我們這一代常民日常而恆久的生命史料！

國立台北教育大學幼兒與家庭教育學系
退休教授 黃瑞琴

自序

我是豬，一隻粉紅色、聰明的豬。是的，「粉紅豬」，這個雅號已經伴隨我三十年之久。自從轉任小學教師後，為了更貼近學生，再加上自己生肖屬豬，也希望尖銳剛直的我能有著多一分的柔和，因而為自己取名「粉紅豬」。從此「粉紅豬」這稱呼與我如影隨形，多年來它確實讓我拉近與孩子們之間的距離。

有些人很窮，窮得只剩下錢，而我卻是非常富有（0857：林北有錢）。我擁有家人、親朋好友、學生、宇宙花草……我擁有許多佇立窗前遠眺懷思都能發出「會心微笑」的回憶。每個人的人生價值不同，因此視野與視角自然有別，我向來著重心靈的陶冶，尤其是對周遭人事物的觀察更是醉心。生活中再難過與不堪的畫面，一旦進入我的眼簾後，便自動使用濾鏡美化（只是需要時間進化）及苦中作樂；否則像我這樣的「三支雨傘標」，哦不！是「四面佛」（現在還要加上好奶奶的角色），恐怕無力招架這麼多的衝擊與……

年逾花甲，我追求的不是幸福，而是如何讓自己快樂。99 篇趣味久久、思念久久、懷念久久與回憶久久，分享自己面臨的不容易與過不去。生活可以活在過去，也可以往前邁進，掌控權在自己的手上，與其抱怨，不如花些心思欣賞美好的一面或接受那不完美之處。內文中為家人保有一些隱私，堅持三點不露（那些刀光劍影、短兵相接與血淋淋的畫面，我就不在此呈現）。

親愛的朋友，人生沒有永遠處在春暖花開風和日麗的美好時光，希望藉此分享、提供大夥一些思維，「原來希望就在轉彎處」。

粉紅豬
黃淑青

粉紅豬的人生拼圖

「你可以再靠近一點！」

你是我高中同學嗎？我是你高中老師、小學老師或大專老師。我不是在廣告保養品，而是想讓你對我的「人生拼圖」有多一分地了解。

截至目前為止，我的人生非常特殊且精采，我曾經任教高職，為了隨老爺出國進修轉任為國小教師（1993 年老爺計畫出國進修，當時我任職於私立高中；由於擔心私立學校無法申請辦理育嬰假保留職缺，老爺只淡淡地說，如果妳能考取公職，我就帶妳一起出國，否則只能留在台灣繼續工作。聽到這話的我，就算當時已經挺個大肚子，也仍要挑燈夜讀，想盡辦法考取國小教師甄試）。退休後更繼續服務於大專院校，成為教育部的部定講師，雖然很跳 tone，但總是離不開教學場域。回想這六十幾年來的歲月，自己的個人特質包含以下這些元素。

就從童年談起，出世滿月後父親就先行離開人間，雲遊西方極樂世界，留下孤苦無依、目不識丁的母親，獨力面對這突如其來的劇變。因此，身兼父職的母親，得教育孩子們養成獨立處事的能力及不向逆境屈服的個性。我雖然是家中的老么，也無法倖免。猶記七年前創立「青苑藝文坊」時，不管是書籍、花器或辦公桌椅的搬運完全自己張羅。當時尚未進門的大媳婦，曾說：「阿姨怎麼不分派工作讓大家幫忙？」記得我是這麼回答她：「這是我的夢想，自己的夢想本來就該自己承擔與完成。」這「**獨立堅忍的人生**」一路伴隨我至今，當然這得要有「幸福的基底」——我的家人做為後盾。

由於童年失怙，知道消極地等待將會使你一事無成，唯有積極出擊才是邁向「出頭天」的不二法門。我堅信「機會永遠留給有準備的人」，所以總是心動就立即行動。例如：當我接受教育部讀書會帶領人種子教師培訓後，便將成立校園讀書會的計畫提報給校長。而劉校長一星期後仍未答覆，我便主動詢問校長無法答應的癥結，記得當時校長的回應是：「妳

真有那麼急迫嗎？」另外又如計畫利用午餐時間開播「繪本廣播節目」時，莊校長竟然潑我冷水：「這個推展閱讀的成效恐怕有限。」我回答：「不做當然不知道效果如何，唯有開始才有機會修正。這不正是『行動研究』的核心理論與價值嗎？（計畫→執行→考核→修正再擬新計畫）」還有鍥而不捨的爭取「醫院故事志工」，或甚至是退休後成立「愛閱讀書會」，積極爭取隨行跟去老爺的演講場合合作「工商服務與招商（是招生會員）」，也都是因為這「**積極挑戰的人生**」態度，得以擁有這麼多特殊的經歷。

個性耿直的我堅持「**清如柔水的人生**」。在人生旅程中對人、事、物處理的態度，一向保持外圓內方的精神。希望自己能如柔水般輕柔圓融，融於任何器皿，適應各種不同的環境，卻又不改變自己清澈正義的本質。堅持做對的事，曾經多次教師會長任內，處理大大小小校方、家長與教師的事，憑藉的就是做「對」的事，不偏袒阿諛，即使有時搞得自身黑到無法漂白，也在所不惜。

喜歡追隨時代的腳步，時時與新知接軌，且始終保有一顆勇於打破刻板印象，傾聽自己內在心聲需求的心，不斷注入活水，自我提升的「**活水充實的人生**」，如「永不停歇的轉輪」，讓生命的光彩持續。從讀書會帶領人的培訓（教育部種子教師培訓：1999年、2000年、2005 年）、歷史文化專業研習（歷史博物館：1998-2001 年）、輔導知能學分的修業（國北教育大學：2006-2009 年）、發展性教學輔導（台北市教育局：2002-2007 年）、閱讀教學專業研習（台北市教育局：2005-2008 年），不間斷的進修與發展專業。甚至在臨界退休之際，更毅然決然投入挑燈夜戰埋首書堆的研究所課程（國北教育大學：2008-2010 年）。即使是退休後也不曾停歇，更取得「草月流一級師範理事」插花證照（等同博士學歷），啟動自己的另一項志業。儘管世界之輪轉動，但我對生命的熱力永遠不變。

小時候對於「人生以服務為目的」這句話不能參透其意義，但隨著年齡增長，終於了解其中奧妙。「**分享服務的人生**」，我向來執著用專業服務人群，為了幫助弱勢族群的孩子養成閱讀習慣，投身於「心苗讀書會」（跨校際合作），或是到醫院擔任故事志工。甚至還多次擔任學校教師會長服務全校同仁，即使退休後同事更打趣的想外聘我為「有給職的教師會長」（校內教師會長本屬無給職職務），退休後更成立「愛閱讀書會」（社區媽媽讀書會）。喜歡眾樂樂，有著樂於分享永遠不藏私的性格，不管是教學專業或育兒撇步，抑或是烹飪、女紅手藝，從不吝惜與人分享與共享。我認為生命的成就與價值不是由財富的多寡來界定，而是取決於生命能量對社會所產生的共振。

由於擁有前述的這些特質而形塑我「**自信領袖的人生**」，擁有領袖氣質的我，不僅主動結合學校行政、教師同僚與家長一起推動閱讀活動，並參加創意教學教案設計比賽，成為校園推動深耕閱讀的推手。也引領學校的教師會組織，充實教師知能與提升教育專業。即使在家庭中也展現自信，記得有次老爺初次見面的朋友問：「太太在哪高就？（當時我已退休）」我幽默的回答：「I am a king maker！」專門培育「傑出人才」。雖然是一句玩笑話，卻再再展現我自信的面向。

從小學三年級時，寫作文「我的志願」就好為人師，大學畢業後從事教學工作。不僅在教室裡以吸引學生學習生動的教學方式，並用生命挹注於教育散發光和熱；影響更多「新進後輩」一步一步穿過創新的巷弄，對教育職志的省思。同時還時時充電，並期許自己能為照亮他人的明燈，且為引領他人迷津的羅盤，引領他們走向正確的人生方向。洪蘭教授說：「為自己增加價值是『成功』，能為別人增加價值則是『成就』。」今後我將朝著協助他人增加價值的方向繼續努力。

我願意奉守德瑞莎修女的理念「用大愛做每一件小事」，畢竟，我也是因

為許多貴人以大愛的精神而得到幫助與照顧，才有今日的光景。希望藉由
這些人生拼圖，拼出完整的我，也讓正打開書籍閱讀的您可以更靠近而了
解「粉紅豬」。

Chapter 1
收藏在話匣子的記憶

我的家人

上帝失手了

你們都是媽咪從上帝那兒搶來的。

　「啊不是從上帝那兒搶來的，是搶來修理的喔！」

「寶貝」顧名思義，是您期待許久終於得到的稀珍異品。我家三個寶貝都是在我衷心期盼下得來的，他們絕對不是「得來速」。大兒子是我婚後歷經千辛萬苦，殷殷期盼下才終於受孕，小兒子則是在我經歷「子宮外孕」半年後再度懷孕，原先以為已無法再受孕。擁有兩個兒子後，仍然不知足的奢望，如果再來個女兒會更好，感恩老天的厚愛讓我如願。懷女兒時孕吐足足三個月，即使要辛苦付出的照顧孩子，經常是忙得不可開交，我不僅無怨無悔還甘之如飴。為了讓孩子知道他們是多麼被重視與呵護，經常會告訴孩子：「你們都是媽咪從上帝那兒搶來的。」當然，親子間的相處與互動總難免碰到令人火冒三丈的事，每次遇到孩子表現歪樓時，我會端出「傢俬（台語：工具）」要修理他們。他們就會義正詞嚴的反駁：「啊不是從上帝那兒搶來的，是搶來修理的喔！」

　「就是因為不見得完好，現在發現故障了，所以才得修理。」

「養不教，父之過」，生養子女不是只提供三餐的餵養，就算責任已盡，教育孩子行為端正更是不能缺少的一環。雖然自 1999 年台灣已經全面實施保護令制度，不能體罰孩子，但是教育不僅是要講「道理」，更是得要懂「倫理」。親愛的朋友，不管您用什麼方法教導孩子都可以，可千萬別把孩子教育成「缺德的小王子或小公主」。

姓名學在我家

孩子的命名，深藏著多少父母內心的期盼與厚望。

　「老師，妳的孩子打算取什麼名字？」

孩子的命名，深藏著多少父母內心的期盼與厚望。由於中華文字精微深奧，常常可以是「一字各表，各自解讀」。當年懷我家老大時簡直是欣喜若狂，就連當時所帶領的班級學生們，一群對老師隱私充滿好奇的高中少女，也感染到老師的喜悅。因此學生們經常會八卦的問：「老師，妳的孩子打算取什麼名字？」

　「就取個五行皆具的名字吧！」

老師：「就取個五行皆具的名字吧！包山包海全都包！」套句現在的廣告詞，只有小孩才做選擇，我全都要。

學生們好奇的問：「是什麼名字呀！怎麼可能五行全具？」

我打趣地回答：「『杜火淦』啊！金、木、水、火、土都有啦！」

頓時，全班笑得人仰馬翻，當下學生們打賭我一定不敢取用這名字，我確實沒那個膽，孩子可能會因此恨我一輩子！

女兒上幼兒園的第一天就發生「怪異」事件，放學排隊時，園長媽咪整隊點名，可怎麼點名男娃老是少一人。最後，園長媽咪唱名：「杜曜霖！」聽到唱名，女兒舉手答應，眼見她排在女娃隊伍裡。

園長媽咪：「妳怎麼排在女生那兒呢？」

女兒：「園長媽咪，我是女生。」

園長媽咪：「女生怎麼取這樣的名字？」

晚上睡前女兒不安地訴說園長媽咪的質疑，我認真的為女兒解惑，妳的名字是有由來的：「已經擁有兩個哥哥，妳的出生，對媽咪來說，有如天降甘霖……，明天妳可以向園長媽咪說明清楚。」

大媳婦產下小孫女小銨銨時，人在美國的女兒透過視訊關心的問家人，哥哥他們為孩子命名了嗎？老爺風趣的回：「已經取好名字了，大的叫田家贏、小的叫杜家勝。」因為大孫女芮芮長得像媳婦，可愛、得人緣，而小孫女銨銨的長相簡直是大兒子的翻版。

老爺接著又調皮的說：「如果再生老三，就可以叫無勝負！」

其實，天下的父母都是一樣的，希望賜予孩子「人如其名、名如其人」，並期望藉此姓名讓人稱呼、受人尊重，這當中蘊含多少父母的愛意與期盼？每一個姓名皆有它背後代表的意義與故事，值得我們審慎地看待。

平凡中的非凡
前摳金後摳銀，摳額查某做夫人。

 「有量才有福，凡事袂計較。」

「有量才有福，凡事袂計較」，這是家母常掛嘴邊的訓示，並不是因為我的家庭很富有，反而是我身處在貧窮的單親家庭。家父因突發性心肌梗塞，一夕之間，軟弱無助、不識字的母親，得要勇敢的扛起這個家的重擔，因此讓母親對人生有更多的體悟。年少時，我時常會對於被占便宜的事抱怨不已。每次回家吐苦水、倒垃圾時，母親總會說：「有量才有福，會凍互人偏，表示妳有才調，妳看像咱兜這麼散赤，等待別人來救濟攏袂赴，哪有才調吃虧咧（台語：有量才有福，能被別人占便宜，正表示妳有能力。妳看像我們這麼窮的家庭，等待別人援助都來不及，哪有能力吃虧呢？）！」

 「前摳金後摳銀，摳額查某做夫人，鴨卵身、雞蛋面，後擺有好親戚來相佝。」

小時候摳頭的我，經常被鄰居的叔叔、伯伯取笑：「前摳衰後摳狼狼，雙邊仔摳厝邊頭尾。」每次被取笑後總會回家哭訴，這時母親就會以自信的語氣安慰我：「前摳金後摳銀，摳額查某做夫人。不用在意別人怎麼說，妳看妳擁有鴨卵身、雞蛋面，後擺有好親戚來相佝（台語：渾圓的鵝身雞蛋的臉龐將來能嫁得好夫婿）。」每每聽到母親這樣的安慰，我就能破涕為笑。活了一甲子，我現在終於能體會母親這深奧的人生哲理。家母雖然沒有受過任何正規的教育或進修輔導學分，但是對於人情義理與輔導諮商的技能，更勝許多受過高等教育的人。外表看似平凡的母親，隱藏在她平凡外表深處的是她那非凡的睿智。回憶這一切，突然令我有頓悟的感覺，原來我身上有著這麼優質的遺傳基因！不禁對身兼父職的母親有著更多的思念與感恩！

暴政 —— 秦始皇（青淑黃）

別惹我！我的暴政有認證。

 「哥哥你覺得世界上最漂亮的女生是誰？」

喜歡在車上跟孩子閒聊，更喜歡偷聽兩個兒子的交談。某日放學時間，開車接兩個兒子下課，車子行駛中隱隱約約聽到小兒子問哥哥問題。

小兒子：「哥哥你覺得世界上最漂亮的女生是誰？」

大兒子：「黃淑青呀！」

大兒子：「那你覺得呢？」

小兒子：「媽咪啊！」

兩個兒子年紀還小，閱人不多。

 「果然暴政成功，連這答案都不敢講別人。」

邊開車的我，聽到這對話，心裡雖然有些受寵若驚，但是仍然感到心花怒放。晚餐時刻，便喜孜孜的跟老爺分享兒子們的對話，沒想到老爺竟然妙回：「果然暴政成功，連這答案都不敢講別人。」哇！暴政秦始皇，果然是人如其名（青淑黃），我的暴政還是經過認證的喔！

賴以為生的「生財器具」

夫妻相處像藝術，線條柔和優美動人比什麼還重要！

「以後別再叫我抱小孩了，我這手是生財工具，要賺錢的！」

「頂港有名聲，下港有出名」的李大姐是醫院的王牌社工也是我東海大學的學姐。她伶牙俐嘴妙語如珠，每次與她交談時，總是令我捧腹大笑。某日在國泰醫院遇見她，她貼心的問：「妳那兩個過動兒，最近有比較冷靜點嗎？」也順道問到老爺近況如何？於是我便委屈的埋怨，平時家裡的大小事，我已經全部包辦了……。幾天前外出用餐時，由於「媽媽手惡化」，只好央請老爺幫忙協助抱著小女兒，就僅從停車場到餐廳短短的距離而已。他竟然略帶慎重的語氣告誡：「以後別再叫我抱小孩了，我這手是生財工具，要賺錢的！」

「下次要他別再親妳了，因為這張嘴巴是用來賺錢的！」

李大姐聽了馬上回答：「小杜老婆！下次要他別再親妳了，因為這張嘴巴是用來賺錢的！」

哈哈！李大姐，那我可虧大了！

說實在的，經營婚姻與家庭無法如科學或數學般說理、論數據。但它可以像經營企業一樣，每個員工堅守崗位、各司其職。不過我個人認為，夫妻的相處，它倒是比較像藝術，如何能讓線條柔和優美動人比什麼還重要！親愛的朋友，可千萬別把「生財器具」拿來當「應戰武器」唷！

非基改「作物」
親愛的寶貝，永遠是父母心中的「超完美傑作」！

 「妳當初如果嫁給老外，那我就是個混血兒了！」

「古靈精怪」的小女兒，經常是語不驚人死不休。某日，在車上與她聊起學校同仁對挑選對象的原則一無所知……。

女兒突然冒出：「妳也是呀！你幹嘛這樣亂嫁？妳年輕時，是只有爸爸一人追求妳嗎？」

我俏皮的回她：「對不起！當初要結婚時，沒先問過妳，這個對象可以嗎？」

印象中，有次，女兒在一個特別的場合，接觸到一位混血兒，五官立體深邃，令人羨慕。回家後她便發難了。

女兒：「妳當初如果嫁給老外，那我就是個混血兒了！」

我逗趣的回答：「有呀！已經混啦！只是是後龍（本土）混後龍（本土）！」

 「因為我們的爸爸太醜了！妳不是『基改』作物！」

國中階段「青春期」時期的女兒，開始在意自己的外表，暑假中的午餐時刻，與孩子們「吃飯配話」時……。

女兒：「媽咪！為什麼？我在跟妳相同年紀的時期，就是沒有妳漂亮。」

兩個兒子不假思索的回答：「妳想知道為什麼嗎？結論就是，因為我們的爸爸太醜了！妳不是『基改』作物！」

親愛的寶貝，其實，無論妳長得如何，在媽咪的心中與眼裡，妳永遠是那顆漂亮的珍珠，更是我的「超完美傑作」！

我的爸爸是印鈔員

一打三很辛苦，認真「印鈔票」的人更辛苦。

「哇！妳這樣好辛苦，一人帶三個孩子，孩子的爸爸呢？怎麼沒有一起來呀！」

暑假對我和孩子而言是最快樂的時刻，但是對老爺來說，每到暑假期間則是工作最忙碌的旺季，經常忙得分身乏術。每年暑假，我總是獨自帶三個孩子出國遊學或旅遊，偶而我也會抱怨，我們簡直有如孤兒寡母。記得那年，我獨自帶三個孩子到紐約參加夏令營，寄宿在老爺表妹的家，位於紐約 Bayside。夏令營課程結束後，我帶三個孩子參加紐約當地旅遊團。由於得獨自一人照顧三個孩子，又擔心孩子走失，因此得兩手分別牽著小兒子及女兒，而小兒子再牽著哥哥。萬一行程中再遇到女兒睡著時，還得一路抱著她，這時小兒子則只能抓住我的衣角，另一手再牽著大兒子。看到這景象，同團有位大姐好奇的問：「哇！妳這樣好辛苦，一人帶三個孩子，孩子的爸爸呢？怎麼沒有一起來呀！」

「爸爸他在台灣印鈔票。」

我回答：「爸爸他在台灣印鈔票。」

這會兒這位大姐就更加好奇：「孩子的爸爸在銀行工作喔！」雖然獨自帶三個孩子，以現在年輕人的說法叫做一打三，確實很辛苦，但更辛苦的是那個認真「印鈔票」的爸爸。就因為他那麼努力的「印鈔票」讓我們得以衣食無虞、不愁吃穿，過著舒適的生活，勞苦功高的印鈔員您辛苦了！謝謝您！現在您終於可以不用再辛苦的印鈔票了，因為三隻寵物已經長大了（老爺常說我們家養了三隻超級貴的寵物）。喔！不！是三部吃角子老虎機已經長大了……。

青春不要留白

為自己羅列一張許願清單，找時間完成夢想吧！

 「我想報名參加超級星光大道，所以要申請治裝費。」

那年流行「超級星光大道」、「星光幫」，女兒正處國小高年級年紀，熱衷當下最夯的話題，甚至還有意報名參賽。報名的前一週晚餐時刻，女兒告訴家人。

女兒：「我想報名參加超級星光大道，所以要申請治裝費。」

當下兩個哥哥以瞧不起的語氣酸妹妹：「妹妹！妳只要買一套服裝就夠了，因為第一次就會被淘汰了！」別門縫裡瞧人，人家她可是師大附中第27屆「天韻獎——重唱組」的冠軍唷！

 「別一天到晚想些『有空沒榫』的花樣，務實一點好好讀書比較重要！」

小兒子也從高中時代就醉心於歌唱方面的表演，曾經向老爺表白，有意選填藝術大學，並朝演藝界發展。卻被堅持「萬般皆下品，唯有讀書高」的老學究爸爸調侃：「是四神湯薏仁？還是薏仁綠豆湯？別一天到晚想些『有空沒榫』（台語：天馬行空）的花樣，務實一點好好讀書比較重要！」

想想，誰沒有走過那年輕狂妄的歲月，只有年輕才有勇氣勇敢的做夢。錯過狂妄的年代後，包袱越大膽子越小，這個不行、那個不可以，生活的樂趣越來越被限縮。

親愛的朋友，仔細回想看看，你還有多少的夢想還沒完成？就如電影《一路玩到掛》當中的主角一樣，為自己羅列一張許願清單，找時間完成夢想。已經錯過青春不要留白，但不要再讓終生遺憾出現！

BUCKET LIST.

1. ☑ Singing on Stage

2. ☑ Go Hang Gliding

3. ☑ Trip Around Taiwan

4. ☑ learing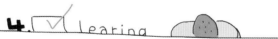

「瓜子」臉的「水」姑娘
時代在改變，要與時俱進，才能享受「天倫之樂」！

 「我年輕的時候，可是有一張『瓜子』臉！」

「好漢不提當年勇」，當年實在有夠勇。由於虛榮心作祟，一直希望孩子們能有張五官立體、線條有稜有角的臉龐。三個孩子一出生，就採取最佳策略讓孩子趴睡，也因此三個孩子都擁有一張立體的「巴掌臉」。相較於孩子們俊俏美好的立體臉龐，我與老爺就遜色許多，孩子們還經常嘲笑我們倆的「大餅臉」。以前的長輩認為孩子得「頭大面四方，肚大居財王」。

被嘲笑多次以後，我不甘心的反駁：「我年輕的時候，可是有一張『瓜子』臉！而且外婆還常說我的臉是『雞蛋』臉呢！」

「『瓜子』臉？我看是葵『瓜子』！而且還是特大的！」

孩子們立刻回嗆：「『瓜子』臉？我看是葵『瓜子』吧！而且還是特大的！」這時我只好自嘲的反擊：「唉！好歹，我年輕的時候也是個標緻的『水』姑娘，只是小『水』大『水』的差別而已。以前的腰圍是現在大腿的尺寸大小，號稱擁有「水蛇」（腰），但現在是「水桶」（腰），反正都有「水」（台語：漂亮）呀！」

感嘆自己生了三個拿飯匙抵貓的小屁孩！這又能怪誰呢？怪只能怪自己生不逢時，誰叫我們在父母當權時我們是人子，而子女當道時偏偏我們又是為人父母。時代在改變，得要與時俱進，才能享受這「天倫之樂」！

⊢ **13.5** ⊣　　⊢ **12.5** ⊣　　⊢ **11.5** ⊣

我們都是夜店咖

我們經常因不了解，而有太多的幻想，自己嚇自己。

 「媽咪，明天晚上我要跟卡內基的同學們去夜店。」

俗話說：「有樣看樣，沒樣家己想」，家中三個孩子大學一年級時，都有夜店初體驗。首先發難的是大兒子，大學指考放榜後，不希望他在漫長的暑假放空太久，於是幫他報名「卡內基訓練營」。課程結束後，生活一向單純的兒子告訴我：「媽咪，明天晚上我要跟卡內基的同學們去夜店。」老爺當下聽了非常生氣的說：「妳看！去上什麼卡內基，花了兩萬多塊，好的沒學到，竟然學會去夜店。」而一旁有如被雷打到，震驚不已的我，也只能閉嘴被 K！

 「媽咪想知道，你去夜店的理由是什麼？」

接下來只好耐心的問兒子：「別人去夜店的心理，可能是想紓壓或是獵女友……，媽咪想知道，你的理由是什麼？」

大兒子：「好奇呀！想知道裡頭到底是怎麼一回事？」

為了滿足兒子的好奇心，我的防線被攻破。接踵而來的戰役是小兒子！剛上大一的小兒子告訴我：「媽咪，我下週要跟同學去夜店慶生。」

媽咪：「不好吧！夜店慶生不安全。」

小兒子：「為什麼？哥哥大一的時候可以去，我現在卻不能去，這樣不公平……。」

為了公平起見，我的防線再度被攻破。終於輪到女兒出場了，上大一之後，她也來申請「夜店通行證」，這次我沒批准，我回答：「女孩子，去

夜店太危險，萬一出事後悔一輩子！」

原以為她的申請被駁回，應該沒事了吧！哪裡知道，某日接到學校教官來電：「杜曜霖的錢包被人撿到，皮包裡有學生證，被送到學校來，請她到教官室領取。」

我進一步的詢問：「請問教官，在哪裡被撿到的？」

教官回：「在夜店。」由於前面已有兩次中槍經驗，這次並沒那麼震撼。

老媽媽我，直到研究所時，我的研究所姐妹們帶我去「開葷」見世面，前往「Brown Sugar」，自己深入虎穴後，發現其實並沒有我想像的那麼可怕。我們經常因不了解，而有太多的幻想，自己嚇自己。當我自己接觸夜店後，與孩子對夜店的認知差異也拉近許多，而不再是處在對立的兩端。真希望我與孩子之間的代溝，隨著我不斷的與時俱進，能及早弭平。

後來，我們全家還一起去「Brown Sugar」用餐，因為當時女兒尚未成年，所以十點多就離開。

Senior Model

錢財總會有用盡的一天，唯有人生價值才是「無盡的財富」。

 「妹妹，對不起！媽咪對於自己的課業都不勝負荷，已無暇再好好的陪伴妳！」

杜威名言：「教育之道無他，唯愛與榜樣而已。」再多的「言教」遠不如躬自的「身教」。我的研究所歲月，正好與女兒苦悶的升學生活重疊，因此，自己已經是自顧不暇，更別提撥出時間伴讀。某日，我內疚的對女兒說：「妹妹，對不起！媽咪對於自己的課業都不勝負荷，已無暇再好好的陪伴妳……。」

女兒：「媽咪，沒關係的！每次我遇到瓶頸沒動力衝刺時，我想到媽咪都快五十歲，還能這麼認真追求學問，我才幾歲，怎麼可以就此放棄？」

聽到女兒如此的回應，總算讓我寬心許多。我知道我樹立的榜樣，對女兒的激勵成效，遠遠大於伴讀。

退休後半年時間，致力於論文的完成。於論文最後提交的前一個月，由於種種壓力，導致在短短的一、兩個月內體重爆瘦 2-3 公斤。二姐和老爺同時不捨地勸我：「都已經退休了，而且就算拿到學位，也不能再加薪進級，就放棄吧！身體要緊！」

我篤定的回答他們：「不行！我是孩子的榜樣，如果今天我選擇放棄，將來孩子也可以用『媽媽都能半途而廢』為理由放棄學業。」其實，父母能留給孩子最好的遺產不就是榜樣？錢財總會有用盡的一天，唯有人生價值才是無盡的財富。

終於，在我屹立不搖的堅持之下，完成那「百年」以後的論文大作（論文於 2011 年 1 月提交）。

有錢就是任性──0857

0857，有錢就是任性！

　「媽咪這樣的年紀，我賺快樂跟朋友可以嗎？」

選擇五十歲退休，全然是因為想實現自己的夢想──成立工作室、成立讀書會社團、指導插花創作，做自己喜歡的事。歷經五年的策劃與籌備，工作室終於在 2014 年開幕。開幕之初，兩個兒子對於我的收支平衡考量與資金來源去路規劃，始終不認同。兩個兒子問：「媽咪，妳這樣的收費標準，妳賺什麼？」

媽咪：「媽咪這樣的年紀，我賺快樂跟朋友可以嗎？如果可以，就讓我揮霍五年，等我沒體力後，就不玩了！」

孩子當下拋下一句：「有錢就是任性！」

　「唉！有錢就是任性！」

前陣子陪女兒一同閱讀《創作是心靈療癒的旅程》，開始每天書寫「晨間隨筆」，再加上因 COVID-19 三級警戒，而停止一切教學活動。居家防疫宅在家，只好藉由文字療癒無法外出自由活動的自己，寫著寫著竟萌生出版小品的念頭。前幾天，煞有其事認真的與孩子討論我要出版小品的想法，甚至連書名都已想好。孩子們聽了，齊聲說：「這樣的書名，不會有人會瞧它一眼！而且這時候出版書籍不好賣吧。」

媽咪：「我出版刊物又不是為了銷售賺錢，我印來分送給朋友可以吧！」

孩子們：「唉！有錢就是任性！」

最後，小兒子打趣的說：「我想書名如果是《0857》（台語：林北有錢）鐵定很吸睛，讀者會想一窺究竟！」

感謝家人支持我的任性，讓我逐夢踏實！

親愛的朋友，未來您如果在架上發現《0857》一書，不用懷疑，那是我的創作！

我的女兒

寶貝！對不起！
不要再說「等一下！」，孩子的賞味期其實很短。

 「妹妹！妳喜歡紅燈還是綠燈？」

下班時刻的台北街頭，人潮洶湧車水馬龍，趕著接續上工（第二個班——家庭主婦）的我，加緊馬力想盡速奔回家。眼見燈號由綠轉紅，只好停車等候。這時，我隨口問問坐在後座的女兒，「妹妹！妳喜歡紅燈還是綠燈？」

女兒：「媽咪！那妳比較喜歡什麼呢？」

媽咪：「當然是綠燈呀！這樣我就可以趕快回家煮飯。」

女兒：「我比較喜歡紅燈，因為這樣，妳的大手就可以牽著我的小手。」（等待紅燈時，我的手通常會往後握握女兒的手。）

聽到女兒的答案，當下我的眼淚如斷線的珍珠……。

 「我比較喜歡紅燈，因為這樣，妳的大手就可以牽著我的小手。」

為了強化自己的教學與帶班的能力，1998 年的暑假，我再度回到大學校園進修輔導學分。由於我得在短短的暑假期間裡，研修輔導理論與技能，因此，經常為了完成各項作業而冷落女兒。有一天，坐在一旁看著我寫作業的女兒好奇的問：「妳都已經是老師了，為什麼還要這麼認真的做功課？」

媽咪：「我去學習這些，是想幫助與陪伴小朋友。」

女兒：「要幫助小朋友！那我也是小朋友，為什麼每次我要妳幫忙時，妳都說等一下！」

這話再次刺痛我！此刻，我內心大聲吶喊：「寶貝對不起！」孩子的賞味期其實很短，稍縱即逝！今後我會好好在乎且珍惜有妳的「陪伴」！

凍蒜！凍蒜！「政見發表處女秀」

每個孩子都有天賦！爸媽的責任是「讓天賦自由」。

　「老師！我可以跟同學自我介紹嗎？」

八月底新生報到後，女兒正式成為小一新鮮人。開學後一個半月，十月下旬，學校宣布選拔班級模範生。積極進取處女座的女兒，有一天竟然向班級導師施老師懇求：「老師！我可以跟同學自我介紹嗎？」

施老師問：「為什麼要自我介紹？」

女兒：「我想參加模範生選拔！」

於是老師安排時間，讓有意參選的孩子，做自我介紹、自我推薦、政見發表等。政見發表當天，女兒的政見內容，根據施老師轉述：

女兒：「大家好！我是杜××，我平常在家裡是媽媽的小幫手，希望在學校也能成為大家的好幫手！」

女兒從小喜歡表演且好為人師，總是讓一堆布偶坐在沙發聽她的教學與演說，如今竟然來場「政見發表處女實境秀」。常言道：「天生我材必有用」，每個孩子皆有屬於他自己的天賦，身為父母的，不僅要協助孩子發現天賦，更重要的還得能「讓天賦自由」！

小氣財神不小氣
不要浪費！每個人一生的福氣都有一定配額。

「每人都可以點一份餐點，但務必用盡！」

雖然「勤儉持家」並不是我家的家規，但是我卻堅持保有「當用則用，當省則不浪費」的原則。全家共同的嗜好之一是品嘗美食，因此，我們一星期會挑選一天去餐廳打打牙祭，而且每個家人都有選擇餐廳的權益。每每外出用餐時，我總會規定孩子：「每人都可以點一份餐點，但務必用盡，否則會被處罰，一個月不得再點同樣的餐食。」

經常在餐桌上出現孩子們，跪求手足幫忙吃剩食的畫面。相信孩子們也一定滿心的疑問，為什麼媽咪要這麼嚴格？孩子，我們當思一粥一飯來處不易，再加上媽咪我來自一個貧窮的家庭，因此更加珍惜食物。記憶中，大約在我三、四歲的時候，由於家裡非常困苦，晚餐常常是只有一、兩樣配菜。因此只能多吃白飯，但是總在兩碗白飯下肚後，碗筷就被媽媽搶收起來。媽媽會說妳不能再盛飯了，要留剩飯讓哥哥、姐姐們帶便當。

「阿嬤！全家妳最浪費，每次點的餐點都沒吃完。」

有一次外出用餐結束後，女兒竟然冒出驚人的指控：「阿嬤！全家妳最浪費，每次點的餐點都沒吃完。」此刻，我冒了一身冷汗，擔心婆婆……。

女兒中年級時，班上有一位同學，兩、三個月就更換一個新的鉛筆盒。孩子羨慕的說：「小芳爸爸賺的錢沒有比我們爸爸多，為什麼他能一直更換新的鉛筆盒，我就不行呢？」我規定孩子文具壞了得拿屍體來更換新的。

媽咪：「因為妳姓杜，羨慕吼！我幫妳打電話，妳可以搬去她家住或改姓……。」

女兒，就算是妳自己賺得的錢都不能如此浪費，更何況這是爸爸辛苦付出得來的。每個人一生的福氣都有一定的配額，這樣的浪費可是會把福氣的「配額」提早用完的！

徘徊十字路口
只要是星星，無論到哪都會閃亮！

「聽著大家的說詞與看法，我自己也困惑甚至開始動搖原來的選擇！」

在旅遊途中，我們經常出現這樣的經驗，想購買一些「等路」（伴手禮），但總覺得沒關係！下一站還可以買得到，因而放棄購買。但其實真正的情況並不然，常常是過了這個村就沒那個店。人生何嘗不也是這樣呢？人生就是一連串選擇的組合與累積，無法重來，錯過了那個當下，就再也回不去了。記得女兒國三上學期接近期末時，為了一場聖誕節表演，每個假日樂團得集訓團練。當時班上同學的媽媽憂心地問：「明年五月就要考試了，妳怎麼還允許她每個禮拜這樣練習，難道不怕⋯⋯？」

我回答：「人生有些事錯過那個時機，之後即使很想做都很難如願。你看像我現在五十歲了，如果我想組樂團，誰會理我。況且我已經和女兒約法三章，表演結束後就得專心準備國中基測。」

國中基測之後，女兒如願地考上自己心目中理想的學校，並興高采烈地問：「媽咪，高中後，我要參加熱舞社，有沒有什麼規定或條件？」（足以證明我是虎媽了吧！）

媽咪：「每次大考成績排名前十五名，愛怎麼跳隨妳跳，十五名後就別跳了！」

跳了兩年的熱舞，老爺一直擔心的碎唸：「別人努力準備三年，她只花半年的時間準備，怎麼可能考得到好成績。」果然學測成績確實不盡理想，但指考時一不小心考得太好，成績竟意外的優秀。一直有著「台大」迷思的老爺糾結又來了。

老爺：「妹妹，這麼優秀的成績，台大任何科系隨妳挑，妳應該選台大！」

女兒的同學：「妳這麼好的成績，選擇政大新聞太可惜了吧！」

女兒：「聽著爸爸和同學的說辭與看法，我自己也困惑甚至開始動搖原來的選擇！」

「想想妳自己的初衷，媽咪相信，妳永遠都是那顆閃亮的星星！」

媽咪：「想想妳自己的初衷，媽咪相信，不管是在台大或政大，妳永遠都是那顆閃亮的星星！」

最後，女兒選擇一處能培養自己專業知識與技能的沃土 ── 政大新聞系，實踐自己的初衷，成為一位如明燈般照亮黑暗族群的記者。

Six Thousand Miles

有沒有搞錯？擔心蝴蝶破繭而出過程艱辛，竟幫忙戳洞！

 「媽咪！」泣不成聲⋯⋯。

長大離家單飛，可能是許多人必經的人生歷程。自小到大學畢業，從來沒離家獨自生活的女兒，首次離家單飛，竟是離家一萬多公里的美國。大學畢業後，女兒選擇前往美國攻讀碩士。不知道是捨不得離開台灣，還是對自己太有自信，覺得自己適應生活的能力超強。（為了找尋搭配文章相關的照片做插圖，我「爬文」女兒的 IG，才知道她是捨不得與害怕，此刻我淚灑鍵盤。）

竟然決定在開學前一週才到加州，這短短的一星期中，不僅要適應環境、調整時差還要張羅各種居家生活用品，生活雜亂繁忙不在話下。開學的第二天就接到女兒的求救視訊，眼見鏡頭那端哭哭啼啼的女兒，一把鼻涕一把眼淚委屈的哭訴：「媽咪！」泣不成聲⋯⋯。

一旁心急的老爺，看到前世情人的哭訴，便不捨的說：「妹妹！不要讀了，回來台灣。反正我們已經找到工作了，而且不一定要讀研究所呀！」

看到老爺這鳥建議，我當然是不敢苟同，我得了解真正的原因與狀況。於是，我不疾不徐地問女兒：「教授授課的內容，妳聽得懂嗎？同學的討論妳能了解、跟得上嗎？」

女兒：「都聽得懂，只是分組討論工作分配時，同學們把工作分配好之後，就說散會，我完全沒有參與討論或發表。」女兒在台灣是個學霸，平日在學校分組討論或工作分配全由她主導。面對這被冷落的失落感，覺得委屈且一時無法接受，再加上生活的適應等等問題，淚海潰堤是必然的現象。

「人生誰沒有跌倒的經驗，妳不是也曾看過，我和爸爸是怎麼從跌倒中站起來的！」

面對女兒的遭遇，我也相當不捨。但一向堅持勇敢追夢的我，豈能接受她半途而廢！我花了很長的時間，並費了一番口舌的與女兒長談：「人生誰沒有跌倒的經驗，不管是爸爸、媽咪或是現在的妳。妳也曾看過，爸爸是怎麼從跌倒中站起來。媽咪又是怎麼從跌落谷底，爬到坑口的……。老外的特性是，妳沒發出求救信號，他們並不會主動幫助妳。所以，今後妳得向他們說明表白，我是剛到此地的外國人，一切還在適應當中，我需要大家的協助……。我們先觀察一段時間後，再決定是否要放棄！」

其實，在聆聽女兒完整細訴的當下，我心如刀割。但是如果今天我附和妳的逃避，妳將永遠無力獨自面對問題並解決它。就如我們不能因為擔心蝴蝶破繭而出的過程很艱辛，而幫牠戳一個小洞方便牠破繭。因為牠如果沒有經過破繭的奮力展翅，就算是破繭了，也無法翩翩飛舞。夢想與前途是妳自己的，妳得靠自己去完成。

人生沒有白走的路

人生沒有白走的路，凡走過必留下痕跡。

 「為什麼？可以用抽籤來決定我的前途，我抗議！……」

美國居大不易，四年前女兒前往美國攻讀碩士，畢業後幸運取得美聯社（AP）的實習。實習結束後，很不幸，女兒申請的工作簽證未中籤。希望落空的女兒透過視訊既氣憤又不平的哭訴：「為什麼？可以用抽籤來決定我的前途，我抗議！……」

我耐心地聆聽她的抱怨之後，以專業的輔導語氣：「我知道這確實令人生氣，但這就是人生……。」女兒不服輸的個性，不願就此罷休，竭盡所能想殺出一條生路── 申請「傑出人才」簽證（O1 visa）。聽到女兒的想法後，我再度安慰她，看來妳比別人幸運，別人沒被抽中，只能打包走人。但是，妳還可以有其他的選擇，以妳之前的表現，我們就不妨試試看。

時間倒轉半年前，剛畢業的女兒懷著前途未卜的心情離開洛杉磯，前往紐約尋找就業機會。依照美國移民法規定，學生畢業後有一年工作許可。移居紐約三天後，女兒找到一份兼差工作，三個月後才找到比較穩定的正職工作。

時間飛速的來到六月中旬，依照法令規定，女兒已不能再繼續工作。因此，公司答應讓她留職停薪，不再聘用新人承接她的工作，讓她得以專心準備簽證事宜。歷經兩個月患得患失焦慮與煎熬的日子，與律師共同準備文件資料。期間的辛苦，我已用濾鏡將它美化，事實上其艱辛困苦有如人間煉獄，惡夢連連，非常人所能忍受。終於在八月十三日接到女兒申請傑出人才簽證通過的喜訊。

「恭喜妳！終於如願了！一切都是最好的安排！」

女兒：「尖叫的歡呼！媽咪！我做到了，我取得三年的工作簽證！」

媽咪：「恭喜妳！真為妳感到高興，終於如願了！看吧！一切都是最好的安排，如果沒有當初的落馬，怎麼可能有今天美國移民署的認證──『傑出人才』耶！」

孩子，人生沒有白走的路，凡走過必留下痕跡。很高興妳擁有這樣的歷練，更為妳感到高興的是，妳能有著堅強的韌性與抗壓性，所以妳值得享受這甜美的成果！

大小兒子

神奇魔法術 —— 幽默感
小心！媽咪又在生氣囉！

「哦喔！媽咪又在生氣了！」

時間管理，對職業婦女而言絕對是「重中之重」。每天面對繁忙的工作與家務，有如置身於火災現場。當孩子還小時，我總在下班回家後，放一浴缸熱水，讓大兒子在浴室裡玩玩具兼洗澡。而我呢，就在廚房車拼大展廚藝。有天，當我已備好四菜一湯上桌，只見大兒子仍泡在浴缸裡樂在其中。有些怒氣的我衝進浴室，雙手抱起大兒子，把他放在馬桶蓋上，準備穿衣。大兒子竟幽默的說：「You wanna dance?」生氣的我，瞬時間怒氣全消！

「對不起喔！媽咪不生氣很久了！」

更年期來訪時，由於荷爾蒙搗蛋，常常怒火攻心，動不動就生氣。儼然有如是孩子的後母，無法容許孩子一點點的犯錯，經常劍拔弩張。不僅孩子們常把「小心！媽咪又在生氣囉！」掛在嘴邊，就連自己都討厭自己，這樣的日子大約過了兩、三年之久。直到走過更年期不適應症後，大兒子再次說：「哦喔！媽咪又在生氣了！」我才能輕鬆風趣的回：「對不起喔！媽咪不生氣很久了！」

我們都知道，英國首相邱吉爾因幽默而能化解許多的尷尬與衝突。因此，與其留給孩子家財萬貫，不如培養孩子擁有「神奇魔法術 —— 幽默感」！

皮卡丘「進化」

人生有兩杯水，一杯是甜水，一杯是苦水！你會先喝哪一杯？

「媽咪！好險！今天沒被校長奶奶發現，全校只有我一人穿便服！」

俗話說「慈母多敗兒」，大兒子是獨子之下的長孫，簡直是集三千寵愛於一身。每天上學身上穿的制服，都是我出門上班前放置在客廳沙發。有天由於鬧鐘罷工，所以起床後火速打理，便急忙地出門，慌亂中竟然忘記擺放制服。放學接大兒子時，看到大兒子身穿便服，心想糟糕……。結果，孩子一上車便開口說：「媽咪！好險！今天沒被校長奶奶發現，全校只有我一人穿便服！」

希望能培養孩子的自理能力，於是決定利用孩子小一升小二暑假期間，讓孩子出國遊學。行程安排之後的某天晚上，無意間，聽到公公、婆婆的對話：「怎麼有這麼狠心的媽媽，我們的阿孫年紀還這麼小，怎麼忍心呢？」

假期開始，將大兒子送往美國寄宿家庭，並不捨與憂心的再三叮嚀 Home mom，孩子特別喜歡吃燉牛肉，如果可以的話，可否每週烹煮一次，讓孩子解解「homesick」！

「我媽媽說，人生有兩杯水，一杯是甜水，一杯是苦水，要先喝苦水，再喝甜水」

某日與 Home mom 聯絡，想了解孩子的近況，Home mom 竟然問我：「妳是怎麼教導孩子的，怎麼這麼懂事！」

我一頭霧水，問清楚怎麼一回事？

Home mom：「Peter，你媽媽說，你最喜歡吃燉牛肉，可是我看你，怎麼牛肉都是留到最後才吃？」

大兒子：「我媽媽說，人生有兩杯水，一杯是甜水，一杯是苦水，要先喝苦水，再喝甜水。」

聽了 Home mom 的敘述，我終於知道，孩子我錯怪你了！媽咪用破唱片法的碎唸，原來你都聽進腦海裡。我更深深的覺得孩子你已長大成熟，我的皮卡丘「進化」了！

有「青」才敢大聲

猜猜看！爸爸、媽媽、兒子，誰是外星人？

 「欸！你是我兒子，我不是外星人，你是外星人喔！」

不論古代或現今，大部分的人都認同應該「易子而教」，而且孟子也在離妻提及。不過，我還是喜歡自己教導孩子，這樣我就能更清楚了解孩子的盲點與真正的想法。只是過程中，難免會出現耐心不足，包容度有限的種種狀況。印象中，有次指導大兒子解題數學時，已經多次的講解，他仍然無法理解，我便脫口而出：「欸！你是我兒子，我那麼聰明，怎麼你可以反應這麼差？我不是外星人，你是外星人喔！（意指他聽不懂）」

大兒子俏皮地回：「妳不是外星人，我可不知道妳先生是不是外星人，只有妳才知道，妳天天跟他睡在一起⋯⋯。」

 「這自傳寫得太好了，妳無從修改，只是借妳聞香而已！」

高三正準備參加推甄的大兒子，把書寫完成的自傳秀給我看，並說：「寫得太好了，妳無從修改，只是借妳聞香而已！」

上大學後，大兒子為了企管系報告，製作一份簡報（PPT），我以大學時代主修企管系過來人的身分熱心的詢問他：「需要我幫忙嗎？」

這自視甚高的狂妄少年竟然回以：「應該不用，政大的不需要東海的指導⋯⋯。」

我不服輸的反嗆：「政大的再怎麼厲害也是東海的所生下的。」

其實，眼看大兒子這麼有自信的表現，我當然感到非常欣慰，他能青出於藍，更勝於藍，這不正是我們培育孩子的努力目標嗎？以前常擔心孩子將來連豬、狗都不如，因為媽媽屬豬、爸爸屬狗，現在看來這擔心是多餘的。

我的未來不是夢

擁有「超強的正能量」，老師保證：你的未來絕對不是夢！

 「哥哥，錢很難賺吼！每天工作十幾個小時才領到兩萬多元的薪水！」

「畢業即失業」，對於千禧年後的畢業生而言是非常真實的寫照，大兒子退伍後也面臨這樣的困境。大兒子六月退伍，直到九月才開始投遞履歷，準備面試。我告訴孩子，退伍後可以擁有三個月的假期，因為工作後就很難再有三個月的長假。

終於有公司邀請他前去面試，但面試之後一直沒有接到對方的回音。有天，我以不捨的心情安慰他：「找工作真的不容易，我們再找找其他⋯⋯」

大兒子：「不會呀！說不定明天就通知我去上班了！」

終於在面試後的第十天，公司通知大兒子，十月八日前去職前訓練。

我調侃大兒子：「哥哥，你是因為很帥，才被安排在櫃台工作！」

大兒子不服的反駁：「我是有實力的⋯⋯。」大兒子所應徵的工作是飯店的 door man，但是面試時，他主動向人事主管毛遂自薦。

大兒子：「我比較喜歡櫃台的工作，如果可以的話，可否將我安排在櫃台工作？」

人事主管：「你有什麼能耐，值得我做這樣的安排？」

大兒子：「我的英文能力很好⋯⋯」以上對話內容是大兒子轉述。

工作一個月後，某天晚餐時間，老爺揶揄大兒子：「哥哥，錢很難賺吼！每天工作十幾個小時才領到兩萬多元的薪水！」

大兒子不卑不亢的回答：「爸爸！一點都不會，我現在賺的是經驗，賺經驗還能領這樣的薪資，已經很多了！」

孩子你真的很富有，因為你擁有這超強的正能量，我相信你的未來絕對不是夢！

推手

許多不同的「推手」，推著我們向前邁進！你今天推了誰？

 「我無法拋下還小的女兒芮芮前去英國！」

人生旅程中，不同的階段會出現許多不同的「推手」，推著我們向前邁進。大兒子在 2015 年時，前往英國進修，這背後的推手與功臣就是媳婦。次年，大兒子畢業時，我滿心歡喜地準備前往英國參加畢業典禮。這時，媳婦才剛結束月子一個月不到，出發前，媳婦覺得她無法拋下剛出生的女兒芮芮前去英國。聽到媳婦的決定，我以同樣是人妻的心情，審慎地告訴媳婦：「媽媽覺得妳要慎重考慮，Peter 能有今天的榮耀，妳是最大的功臣。我不希望將來回憶這段過程時，妳因為無法前往而造成心裡的遺憾！」

媳婦：「媽媽，如果要去英國，我想帶娃兒一起去！」

老爺擔心，初生的芮芮在飛機上會有什麼意外發生，表示不贊成讓娃兒同行。面對這兩難的抉擇，我建議，就問問小兒科醫師的意見，再做決定。最後決定一同前往，冬季的英國氣溫相當低。我告訴大兒子、媳婦：「我們得做好萬全的準備！」

於是，大兒子肩負著這一生三個重要的女人 —— 女兒、太太與母親，喜悅的出發。還好孫女芮芮一路上也相當配合，不過我們還是戒慎恐懼。完成任務回台後，跟老爺分享這趟旅程中，孫女的「超完美表現」！

「我已找到可以將兒子推向人生高峰的接班人！」

老爺風趣地說：「嗯！芮芮長大後適合當空姐，她完全不會暈機喔！」

時間的巨輪不停地向前滾動，我想此時，我的推手生涯階段性任務已經完成，可以功成身退。很高興的是，我已找到可以將兒子推向人生高峰的接班人！

永不放棄

一句話搞懂小屁孩進化論：永不放棄自己的執著！

 「媽咪，謝謝妳一直沒放棄我！」

《永不放棄》劇中描述一位患有先天性腦麻的孩子，在弱勢的單親媽媽對兒子不放棄的堅持與陪伴下，最後成為成功銷售員的勵志故事。我家有個喜歡爭辯的小屁孩，也是個令人討厭的中學生，更是一位白目的大學生。轉眼間，進化為一個見解獨到、思維宏觀的研究生。大兒子在小學一年級時，美勞課畫人物畫像時畫了一個黑臉人，老師當下指正他：「臉部得著膚色。」

大兒子：「可是在美國黑人的臉就是黑色呀！」

老師：「這裡是台灣……。」

某天，大兒子拿著數學習作讓我簽名，發現有一大題全錯，題目並不難，於是我問大兒子：「這一大題是題目看不懂，還是……？」

大兒子：「老師的標準答案有問題，題目問不及格人數最少的是哪一項？老師說是 0 人那項，但是 0 人就表示該項是及格的……。」

三年級後，某日大兒子拿回來一張數學考卷 61 分，我驚訝的問：「都不會嗎？」

大兒子：「我把會的都寫完了，心想趴睡一會兒，等一下再寫，怎麼知道一趴就趴到打鐘了。昨天為了幫奶奶慶祝母親節，我們半夜才回到台北，所以……。」

這孩子一路喜歡挑戰師長，即使在大學時期仍不改其習性，直到他前往英國深造才終於烏龜翻身，受到教授讚許與肯定。記得嗎？你考上大學那年，你對我說：「媽咪，謝謝你一直沒放棄我！每當我的成績不理想時，你總是說：『你是我兒子，我相信有一天你會展現你的爆發力。』」兒子！真正要感謝的是「你永不放棄自己的執著」！

暖男養成記

恭喜媳婦，妳挑選了一檔績優股——「貼心暖男」！

 「他是我哥哥，妳可不可以不要打他，妳再警告他一次就好。」

小兒子從小就是個貼心暖男，經常是「有酒食，爺爺、奶奶饌」。在他三歲左右，我喜獲甘霖，產下小女兒。擔心婆婆一人無法招架，一個月內婆婆要照顧產婦再加上三個小孩，所以我們母子四人回到娘家二姐家，由二姐、媽媽及二嫂合力照顧。由於二姐擔心兒子們溜到樓下玩耍可能發生意外，因此，規定兒子們不能獨自下樓，以避免危險。某日二姐正在幫小兒子洗澡時，發現大兒子偷偷溜下樓，二阿姨便告訴小兒子：「哥哥不乖，跑到樓下去，等會兒再好好修理他。」

小兒子：「他是我哥哥，妳可不可以不要打他，妳再警告他一次就好。」

雖然烹煮料理很辛苦，但我卻樂在其中，尤其是每當孩子們在餐桌前異口同聲大叫：「哇！好香哦！」一切的勞苦就完全消失不見！某日晚餐時刻，孩子們正享受美食的當下。小兒子突然說：「媽咪，這道菜好好吃！妳要教我怎麼料理。」一旁的大兒子立刻回答：「幹嘛學習啊！以後叫你太太煮給你吃就好啦！」

就在這當下，我深信小兒子長大後絕對是個暖男。如今，我要鄭重地恭喜媳婦，妳挑選了一檔績優股——「貼心暖男」！

當千里馬遇見「伯樂」
媽咪！我覺得警衛伯伯比老師有眼光！

「哇！小朋友，這隻龍蝦是你的作品嗎？像真的一樣！」

藝術爆發力很強，作品令人驚豔，這是小兒子的特別之處。五歲左右他送給我一幅畫像——「我的媽媽」，作為母親節禮物，充滿童趣。至今，我仍然鍾愛不已，經常引以為傲的向朋友炫耀。

記憶中，有一回小兒子上陶藝課，創作一隻栩栩如生的龍蝦，課後將作品帶回家，爺爺、奶奶還誤以為是烹煮後的龍蝦，全家讚賞不已！小兒子便興致沖沖的說：「明天我要帶去學校給老師看！」

隔天，滿懷信心的他將作品帶到學校，興致勃勃的想秀給老師看。由於低年級老師半天的課程得處理許多事情，經常是忙得不可開交。因此，老師對小兒子說：「先放旁邊，老師等一下再看！」這一等，就等到放學時刻，老師仍然無暇……他只好失望的將龍蝦作品端回家。

「媽咪！我覺得警衛伯伯比老師有眼光！」

一路從教室走到校門口，這時，警衛伯伯貼心的問：「哇！小朋友，這隻龍蝦是你的作品嗎？怎麼這麼厲害，像真的一樣！」

晚餐時刻，小兒子談到早上在學校發生的總總，他認真的評論。

小兒子：「媽咪！我覺得警衛伯伯比老師有眼光！」

其實，不論成人或小孩都喜歡被關注或讚美，「良言一句暖三冬」。千萬不要吝惜，小小的一句讚美，具體、真心的或關注，都會讓他人感到開心喔！

「藏愛」生日蛋糕

爸媽要注意：孩子的貼心行為經常表現於日常生活之中。

　　「弟弟，你到底什麼時候偷偷製作蛋糕的？」

孩子的貼心行為經常表現於日常生活之中。平常喜歡在 7-11 挖寶，號稱小 7 合夥人的小兒子，不僅自己享受更會向家人「特別推薦」。遇到特別的日子或節慶，這孩子更是用心。為了慶祝爸爸五十一歲生日，當時高中的小兒子，精心製作一個無與倫比的生日蛋糕。爸爸生日當天，小兒子端出生日蛋糕，全家人驚豔不已！我更好奇的是，他到底利用什麼時間完成。因為在家中，完全沒發現任何製作過程的蛛絲馬跡。於是我好奇地問：「弟弟，你到底什麼時候偷偷製作蛋糕的？」

小兒子：「在學校，上課時間啊！」

媽咪：「什麼課呀？老師怎麼容許？」

　　「英文課，我拜託老師行行好啦！很急，而且是爸爸的生日禮物。」

小兒子：「英文課，當時老師還要我把材料收起來好好上課，別再做了。但我央求老師，拜託行行好啦！很急，而且是爸爸的生日禮物。」

老師：「念你一片孝心，下不為例！」

或許，您會認為孩子應該專心於課業，這樣的行為怎麼可以容忍與接受呢？說實在的，每個人對於人生中所謂的「重點」，見解不盡相同，就誠如孔子對子貢所言：「爾愛其羊，我愛其禮。」學問一直都存在，追求不用急於現在，但對父母的孝心是不能等待的。追求學問隨時都可以完成，不要掉入廣告的陷阱──「擔心輸在起跑點」。然而做學問最重要的是，學習過程的享受與達到目標的成就。當魚與熊掌不可兼得時，該如何做抉擇，則取決於你自己想畫的人生「重點」！

眼見為憑乎？

爸媽聽到沒？把學習自主權交還給孩子吧！

「弟弟！考期都已這麼迫近了，怎麼還在……？」

劉向在《說苑》卷七〈政理〉寫道：「耳聽為虛，眼見為實。」然而實際生活中真的是如此嗎？其實未必。我喜歡以孔子與顏回的故事為例，當孔子周遊列國之際，某日，無意間發現顏回在烹煮餐食時竟然偷吃。孔子感嘆身處戰亂時代，要求自律確實不易，就連顏回這麼循規蹈矩的學生也難抵誘惑。但經孔子旁敲側擊了解後，赫然發現，原來自己錯怪顏回。

那年小兒子正處「國中基本學力測驗」倒數階段，考期將近，水深火熱。某個假日，老爺看到小兒子坐在電腦桌前，打電玩遊戲。老爺生氣的指責：「弟弟！考期都已這麼迫近了，怎麼還在……！」

「爸爸！你根本不知道我什麼時候在讀書，我利用假日放鬆一下，你就……。」

滿腔怒火的小兒子回嗆：「爸爸！你平日都很忙，根本不知道我什麼時候在讀書，我利用假日放鬆一下，你就……。」

父子倆，還因此點燃彼此的火藥庫。沒錯！確實，誠如孩子所說的，我們的確無法二十四小時緊盯著他們。何不把學習的自主權交由孩子自己決定，畢竟這是他的人生，他得為自己的人生負責。與其擔心、操心，不如關心與靜心的陪伴，告訴孩子你隨侍在側，需要時，招呼一聲服務就到。父母這角色，最重要的任務是傾聽與陪伴，而不是幫孩子規劃藍圖，決定他的未來。

總裁 CEO

放膽衝刺不要害怕失敗，所有的失敗都是栽培「成功」的養分！

「好好的政大企管系畢業，竟然如此『不務正業』！」

聰明過人，企圖心滿滿的小兒子，一路有如脫韁野馬。大學畢業後，選擇比較自由且能發揮自己長處的代購自由業，而不願意從事受僱於人的工作。這事，得從大學指定考試結束後說起。考後一個月左右接到指考成績單，老爺希望小兒子能填台大。但是，小兒子一心就是想就讀政大企管系，為此，父子倆還因此引起一場戰爭。最後老爺氣急敗壞地丟下一句：「如果真的錄取政大企管系，表示老天認為你是正港的『企管大師』！」

「一人從事叫代購，十人一起做就叫貿易，把它經營成為貿易公司，讓爸爸刮目相看！」

大學畢業後衝突再度上演，老爺更生氣的罵：「好好的政大企管系畢業，竟然如此不務正業！」保守的老爺始終覺得「代購」不是正規行業，擔心從事這種行業，收入不穩定。但是，擁有生意金頭腦的小兒子，卻是覺得這是一項值得試試的事業。一向支持孩子該擁有自己的想法與規劃的我，只好安慰與鼓勵小兒子：「一人從事叫代購，十人一起做就叫貿易，把它經營成為貿易公司，讓爸爸刮目相看！」

值得欣慰的是，小兒子歷經五年的努力，終於成立公司，目前正朝著人生目標邁進。媽咪的「酷孩子」，放膽衝刺不要害怕失敗，所有的失敗都是栽培成功的養分！勇敢追夢，努力付出，讓夢想成真！

潮媽妳的心臟夠強嗎？

我是潮媽，我心臟夠強！只不過，還是得經過三小時的調適。

　「媽咪！我想去染髮，染銀白色！」

潮媽難為，正值叛逆的小兒子，某天放學回來後拋下震撼彈：「媽咪！滿十八歲後，我要去穿耳洞！」

媽咪：「不好吧！穿耳洞無法當憲兵！」

小兒子：「我不想當憲兵，而且我只是告知妳，不是徵求妳的同意，就算妳不同意我還是會去穿的。我成年了，可以自己作主！」

這個高自主權的高中生上大學後，每天仍戴著他那閃閃發亮的耳環上學。有天晚餐時間，小兒子不平的說：「很倒楣耶！今天翹課竟然被抓到，老師點名後被記曠課！」

媽咪：「一點也不倒楣，因為你目標太明顯，教授心裡一定想，今天怎麼沒看見那個刺目亮閃閃的同學！」

大學即將畢業那年，有一天，小兒子又心血來潮的告訴我：「媽咪！我想去染髮。」

媽咪：「染什麼顏色？」

小兒子：「銀白色！」

媽咪：「我這頭白髮都要成染黑的，你幹嘛染白！」

對於他的說詞，我根本不以為意，認為他只是說說而已！

「我沒有生氣！我還在調適。」

畢業考結束當天，約莫傍晚五點鐘左右，小兒子回來，一頭白髮，進入房內走到我面前還擺個 pose 問我：「媽咪！我帥不帥？」

當下我沒有反應，而且持續三個小時不發一語。之後他再度進入房間問：「妳生氣啦！」

媽咪：「沒有！我還在調適。」

老實說，還真的帥！孩子，你的作為只要不傷害別人或造成社會負擔，unique 並沒有什麼不對！我是潮媽，我的心臟夠強，我支持你！只不過，還是得經過三小時的調適，無法立即轉換。

我的老爺

是鮮花，還是牛糞
我是牛糞我驕傲！

 「一朵鮮花插在牛糞上！」

回想三十幾年前，婚宴當天，老爺的同學前來參加喜宴，宴席中老爺的同學說：「一朵鮮花插在牛糞上。」只見老爺不急不徐的回答：「我看黃某某一點也不像牛糞。」

 「我看黃某某一點也不像牛糞！」

當下我滿腹怒氣！心想怎麼會有人如此臭屁，哪裡來的自信？好歹高中搭火車通勤的我也是堂堂的「海線之花」，而且他可是追到「狗腿」（老爺生肖屬狗）都快斷掉，好不容易才抱得美人歸！對於有著不服輸個性的我，當下問自己，我到底是「牛糞」還是「鮮花」。你猜對了嗎？沒錯！我選擇當他的「牛糞」，一路提供更多的肥料與養分。不管是居家照顧一家老小，或是前程的規劃與事業的支持，讓這朵鮮花更嬌美豔麗。走過三十幾載的歲月，終於可以揚眉吐氣的說：「我是牛糞我驕傲！」

牛糞也可以翻轉人生！

豬羊變色

茶要好喝，得要第二泡，查某人要水得要半佬老。

「現在『豬羊變色』了吼！以前是我成天猛追著妳，如今換妳
得終日……。」

某日，飯後閒聊，老爺看著美貌不再的我，哦不！是人老珠黃的我，脫口
說出驚世之語：「哈哈！現在『豬羊變色』了吼！以前是我成天猛追著
妳，如今換妳得終日……。」

「我可是正港『99 純辣妹』！」

我馬上回應：「那可不咧！我可是正港 99 純辣妹」（六十一歲，執教三
十八年，而且薑是老的辣）！」其實，不同年紀的女性各有其風姿。三十
歲的女性綻放「美豔」，這時段正處在人生的黃金歲月，青春無敵。四十
歲的婦女展現「優雅」，在此階段，生命已經歷更多的洗鍊，琢磨稜角
後更圓融。五十歲以後的女人則是散發「無可抗拒的魅力」，人生來到此
時，不論人生閱歷、心智或處世，都達到成熟穩健的層級，因此舉手投足
自然令人無可抗拒。或許這正如台語俚語所謂的「茶要好喝，得要第二
泡，查某人要水得要半佬老（台語：徐娘半老，風韻猶存）」。你說像我
這樣的花甲老嫗，你欣賞的是我「智慧之美」，哪有什麼「變色」的困
擾！

最浪漫的事

真正重要的東西，只用眼睛是看不到的，得用心看才看得清楚。

「昨晚我已經知道是骨折，但是擔心深夜掛急診折騰，妳可能整夜就無法好好休息。」

眾人可能認為能「執子之手，與子偕老」是人間最浪漫的事。但有一種浪漫卻是只能意會。就如小王子書中所言：「真正重要的東西，只用眼睛是看不到的，得用心看才看得清楚。」回憶二十年前，老爺為了一隻蚊子害得自己後跟骨斷裂。案發當晚我以為只是扭傷，因此不疑有他倒頭就睡，因為已經深夜十一點了，況且隔天還得上班。隔日，老爺搭車前往康泰基金會，並以單腳跳的方式進入會場演講。結束上午課程後，我越想越不妥，於是我請了半天事假，直接到康泰基金會接老爺。當下二話不說，完全沒有徵求他的同意，直接到醫院掛急診。經過診察後，確定是後跟骨斷裂，須立即進行手術。大約下午一點半推進手術房，三點半手術結束等待恢復，但是一直到四點鐘接小兒子放學時，老爺仍未甦醒。接到小兒子後我淚流滿面地告訴他：「爸爸下午進行手術，到現在還沒醒來，如果等一下再不醒來，我們可能就沒有爸爸了！」

這十歲不到的小兒子安慰我：「不要傷心！」

「我一直以為我非常的獨立勇敢，即使沒有你的幫忙我仍可以撐起一切。經過這次的情況後，我才發現沒有你的存在，我其實是脆弱的……。」

回到醫院時，欣喜地發現老爺已經清醒。此時脆弱的我告訴老爺：「你沒醒來我非常的擔心害怕，我一直以為我非常的獨立勇敢，即使沒有你的幫忙我仍可以撐起一切。經過這次的情況後，我才發現沒有你的存在，我其實是脆弱的……。」

老爺：「其實，昨晚我已經知道是骨折，但是擔心深夜掛急診折騰，妳可能整夜就無法好好休息。」

骨折事件後十五年，我陪老爺前往丹麥開會，第三天老爺會議結束後，我們決定走訪美人魚海港公園。竟然在途中遭扒手，將皮包、現金與護照一掃而空。當時驚恐的我嚇得淚流滿面，老爺卻意外的冷靜：「沒關係！把重要證件註銷後，我們還是去看看美人魚吧！都已經來到這裡了！」要我破涕為笑的跟美人魚合影，簡直是強人所難。

由於被竊時正直雙十國慶，丹麥辦事處休假中，得等到十月十二日才能辦理補發護照。但是偏偏老爺十月十二日台北有一場重要的演講，無法取消，因此只能拋下我一人滯留丹麥。當時老爺請我前往機場送行，現在回想起來，那機場的送別有如「梁祝的十八相送」，我倆離情依依淚灑機場。老爺回台後，隨即展開「即刻救援」，派大兒子前往丹麥救援母親回台。當時小兒子和女兒還很不諒解的說：「媽咪！妳要學習獨立！」

真正的浪漫不是送鮮花或禮物，而是有一顆「讀懂你的心」，在你最脆弱時知道如何支撐你。

這浪漫比看到流星雨還難得，距離下次出現還得再等十年喔！祝福天下眷屬都是有情人！情人節喜樂平安！

做稱職的「臨時演員」

人的一生，不同階段需要扮演不同角色！你今天是演誰啊？

「選里長還能領到薪水，做這什麼教師會理事長，賺了一堆『無閒』。」

我是基隆山的「足雞婆」（台語）。古道熱腸、熱心公益，是所有的朋友對我的評價。退休前，曾多次任職學校教師會理事長。也因此經常於下班後，還得處理學校行政與老師之間的事宜。老爺對此行為頗有微詞，常常挪揄我：「去選里長還能領到薪水，做這什麼教師會理事長，不僅沒能賺錢，還賺了一堆『無閒』（台語），簡直……。」

「就是想寫一本讓別人能剪下貼上的論文，所以才得一校再校呀！」

考上研究所之後，我終於卸下理事長職務，原本老爺以為，從此總算可以耳根清淨且能輕鬆過日子，豈知卻是另一個噩夢的開始。為了論文書寫，經常因忙於課業而減少家務，原先一週兩次的燙衣時間，調整為一週一次。難免遇到忙不過來的時候，記得某個上午，老爺拿著一件襯衫問：「今天我要吃自助餐？」表示得自己燙衣服嗎？我當然是立馬燙衣去。這時老爺既不解又懷疑的問：「我看別人寫論文都很輕鬆，剪下貼上就完成了，怎麼妳要寫得這麼辛苦呢？」

我臭屁的回答：「啊！就是想寫一本讓別人能剪下貼上的論文，所以才得這麼謹慎的一校再校呀！」

其實，人的一生，在不同的階段需要扮演各種不同的角色。或許可以這麼說，在人生的劇場中，我們根本就是個「臨時演員」。我只希望自己能把每一個當下的角色扮演得宜，且不要愧對這個角色與上場的機會。況且能

提供自己的專業「為人服務」，也是我的人生價值。更虛榮的是，享受那被信任與被需要的感受，當然也可以藉著「勞者」的機會，培養自己「多能」的實力與根基。看吧！一舉數得，何樂而不為？

咖啡與奶精

好的伴侶，可以讓彼此變得更好！

「我的收入比妳多，我不去倒垃圾，妳去倒！」

在中國大陸，奶精又稱為「咖啡伴侶」，言下之意，它是來提味且添增口感，讓咖啡散發出更加濃郁香醇的味道。研究所一年級時，因老年重回校園猶如新手上路，經常忙得不可開交。就算早已擁有三頭六臂，拼盡渾身解數，還是分身乏術。某日晚餐後，央求老爺幫忙倒垃圾，他老兄竟然回以：「我的收入比妳多，我不去，妳去倒！」雖然是句玩笑話，但是聽起來還是很刺耳。即便他所言是事實，我還是不甘心受辱。況且人生的價值，不能以價格來衡量。

所以，我不甘示弱智慧的還以顏色，我自負的回：「以我倆的職業而論，對社會的貢獻，我不亞於你。你救人濟世，我作育英才。所以，歹勢（台語）啦！只好請你認命點去倒垃圾。」

「以我倆的職業而論，對社會的貢獻，我不亞於你，歹勢（台語）啦！只好請你認命點去倒垃圾……。」

多年前老爺榮升主任時，他雀躍的和我分享喜訊，並自傲的說：「妳嫁了一個金龜婿！」

我自信地回答他：「的確很為你感到高興！不過我更相信，我嫁給誰，誰就能晉升為主任。」

我一直認為好的伴侶，應該是可以讓彼此變得更好，且能並行前進的成長與精進，就如咖啡與奶精般，相輔相成。親愛的夥伴，我們可以作為一個無聲的賢內助或腦粉，但是在可以抬頭挺胸時，千萬不要卑躬屈膝。各位人妻們，趕緊找到自己的亮點，適度的綻放光芒，做個堅強不屈的「娘子」！

You raise me up
烏鴉老爺：把家長做好比當校長重要！

「不要拿到『學位』換來『床位』（病床）唷！」

感恩這隻「烏鴉」，刺激我有強烈「我一定要成功！」的鬥志。人生的旅途中，老爺他一直扮演著「烏鴉」的角色。先是林校長建議我該考慮接「行政職」，擔任主任、校長，我將這訊息與老爺討論，老爺毫不考慮地回：「當什麼校長！把家長做好比較重要！」

接著是報考碩班、攻讀研究所，一直是埋在我內心的夢想。多次想報考碩班的「火苗」也一度差點被澆熄，直到 2008 年終於「革命成功」！再來是 2000 年，我接受教育部母語種子教師培訓，出版社邀請我進入編輯教材團隊。老爺又說：「賺得的收入，可能連買假髮都還不夠呢！」他擔心我會因絞盡腦汁成為「白髮魔女」，而不再是「美魔女」。

之後還有，莊校長多次希望我能參賽「優良教師選拔」，我虛榮的把想法告訴老爺，他卻冷靜的回應：「準備那些資料，會害妳喪命的！」

幸運的考上碩班後，這烏鴉又出聲了：「是不是碩士畢業，也不會影響別人對妳是『好老師』的看法，算了吧！都這把年紀了！」甚至，碩班畢業後想繼續攻讀博班，這時，「扯後腿啦啦隊」的他，更是語出驚人：「不要拿到『學位』換來『床位』（病床）唷！」

做一輩子烏鴉的他，唯獨對於報考「日本草月流理事」取得插花證書這事，他選擇不再做「烏鴉」。我不禁讚嘆！老爺真有遠見，「超前部署」，建議我採取「橋接學位」策略。（註：所謂橋接乃指從國立台北教育大學碩士跨領域取得日本草月流插花學校博士證書，草月流理事證書等同博士學位證書。）

Thanks！You raise me up... to more than I can be.

歲月在身上留下印記

地心引力不放過我！會放過你嗎？

 「我後踢時可以踢到屁股，你可以嗎？」

我算是個過動兒，一直閒不下來，為了想讓自己擁有美好的生活品質，每天巡禮台大校園。從家裡出發前往台大後門，得要穿過辛亥路。好動的我，即使是在等待紅綠燈的時間也不閒著。經常利用這短短的一分鐘，練習雙腿向上後踢屁股的踢腿動作。某個假日的早晨，我邀請老爺一起外出散步。在等待穿越辛亥路的時刻，我照例的做後踢運動，並自傲的問老爺：「我後踢時可以踢到屁股，你可以嗎？」

 「我屁股沒下垂，所以踢不到！」

老爺冷冷的回答：「我屁股沒下垂，所以踢不到！」

哦！自傲的我，瞬間頓悟。原來是我老了，肌肉不再Q彈。不僅歲月在我身上留下印記（屁股下垂），就連地心引力也不放過我，在我身上產生作用！

我是長跑健將

下輩子對妳好一點？寫錯了，是下半輩子！

　「你想對我說什麼悄悄話？」

從「金牌」地位滑落至「銅牌」，眼見自己在老爺心中的地位，排序一再滑落，酸味十足地抱怨：「以前追求我的時候，凡事總以我為優先考量，擺放在第一順位。結婚以後，我卻被排擠到第二順位（因為老爺很孝順，在他心中母親遠比太太重要）。孩子出世後我竟淪為『銅牌』！」

老爺貼心的安慰我：「他們都是短跑選手，只有妳是長跑健將，何必計較那麼多。」確實，之後他們陸續離開跑道，如今唯有我仍在跑道上⋯⋯。

前些日子，與山友一起爬陽明山燒庚寮「王秀杞石雕公園」時，朋友專業的按下快門，拍下許多照片。我發現其中有一張照片頗具趣味，於是將照片傳送給老爺，並且調皮地問老爺：「你想對我說什麼悄悄話？」

　「下輩子我會對妳好一點！」

老爺閱讀之後回傳：「下輩子我會對妳好一點！」

我逗趣的回傳：「哇！還要等到下輩子，也未免等太久了吧！」

老爺馬上再回傳：「對不起！寫錯了，是下半輩子！」

喔哦！看到這回信，再次證明我是「長跑健將」，我還得跑半輩子，照這樣跑下去，我都可以參賽奧運囉！不過我貪心的希望今後的賽程中，我可以奪得「金牌」（不僅被放在心上，同時也是第一順位），而不是「銅牌」或甚至無法進入前四強！目前的參賽者：兩個孫女、兩個媳婦外加三個孩子。

老師傅的「花花世界」

這很重要，跟老師講三遍：學插花前，要先學會花錢！

「唉！『傢俬』一堆，技術袂知安怎？」

蒔花弄草的生活令人賞心悅目，喜好插花創作的我，經常拈花惹草，不僅可以自娛也能娛人。由於有著「工欲善其事，必先利其器」的心魔，對於特殊的花器總是沒有「抵抗力」。老爺對此行為經常嗤之以鼻的說：「什麼是學插花？我看是學『花錢』吧！」

我不服氣的反駁：「我又沒有別的不良嗜好，只有這『症』而已！」

老爺：「這『症』就很難治了！」

老爺有些同事知道我插花的能力不錯，偶而會問老爺：「老杜，你太太是不是很會插花？」

老爺無奈的回答：「唉！『傢俬（台語：工具）』一堆，技術袂知安怎？（台語：技術如何並不知道，但是工具倒是蠻齊全的）」

「軟土曝久也會硬，絕對不是賣茶講茶香，賣花講花紅！」

歷經三十幾年插花藝術的洗禮，對於花木的創作，經常是信手捻來，充分展現花木本身想要傳達的花語。每當我自信滿滿的詢問老爺：「我配花材的能力是不是很厲害？」

老爺總不屑的回：「妳都是買比較貴的花材，當然……。」

老爺呀！俚語說得好：「軟土曝久也會硬（台語：泥濘的泥土歷經長久的日曬也會結成硬塊）」，已經有三十幾年的插花經驗，應該是已經達到無花勝有花的境界。絕對不是賣茶講茶香，賣花講花紅！

祖孫相處

誰是妳最愛

小銨銨：你們大人不要再問我最愛誰了好嗎？

 「奶奶最愛妳，妳最愛誰？」

前幾天與小孫女視訊，小銨銨告訴我她去大安森林公園散步，看到鴿子、松鼠還有⋯⋯，聊著聊著，我突然問：「奶奶最愛妳，妳最愛誰？」

 「姐姐、爸爸、媽媽。」

小銨銨：「我、姐姐。」

奶奶：「還有嗎？」

小銨銨：「爸爸、媽媽。」

此時兒子在旁邊快速的提醒「還有奶奶」。猶記三年前，當時的大孫女芮芮與現在的小銨銨一樣 ── 兩歲多，我也曾問芮芮相同的問題。

那時芮芮的回答是：「媽媽、爸爸。」

我繼續問：「還有嗎？」

芮芮可愛的回答：「沒有啦！」

天真無邪的孩子雖然坦蕩的說實話，但並不影響我的心情。其實不管他們回答的結果是什麼，身為奶奶的我都是眉開眼笑的接受！誰叫她們是我的「最愛」。

讀妳

小芮芮：妳要留給我的也太多了吧！

「這件外套，姑姑會不會喜歡呢？」

雖然年逾耳順，但是仍保有少女心。由於生肖屬豬，因此特別喜歡收集各式各樣與豬相關的物品，舉凡器皿、衣服、提袋等。對於這些東西不僅自己醉心，有時連孫女也都愛好。每每看到她們對喜歡的物品東摸西摸，露出喜愛的表情時。我總會問：「喜歡嗎？這件，奶奶就留給妳。」芮芮則是會心的點點頭，接受我的承諾。

「就算姑姑喜歡，我還是會留給妳，因為妳是奶奶的最愛！」

有天，芮芮對於一件外套愛不釋手的左摸右摸，竟然擔心的問：「這件外套，姑姑會不會喜歡呢？」我讀出她的心思，於是我貼心的對芮芮說：「就算姑姑喜歡，我還是會留給妳，因為妳是奶奶的最愛。」某日家庭聚會時相同的戲碼再度上演，突然，芮芮竟人小鬼大的冒出一句：「妳要留給我的也太多了吧！」有時看似稚嫩的孩子，其實也有他們的思維邏輯，絕對不容我們小覷，自以為是的成人要注意哦！

先別急著吃棉花糖

虎媽 VS 羊奶，妳選哪一個？

　「有扭蛋商店耶！我好想扭呀！」

又到每週一次的家庭聚會，這次大兒子挑選「喫飯食堂」，飯後老爺開車送大兒子一家人回家。途中經過信義路、復興南路口，此時，眼尖的孫女芮芮，興奮大聲的喊叫：「有扭蛋商店耶！」坐在副駕駛座的我說：「今天有什麼特別值得獎勵的嗎？」

芮芮：「沒有，可是我很想扭呀！」

奶奶：「小朋友要學習忍耐，下週妹妹生日時再送你們。」

芮芮：「可是我不想忍耐啊！」

奶奶：「那妳有錢嗎？」

芮芮：「妳有啊！」

奶奶：「我有錢，是我的。」

芮芮回頭問媽媽：「我可以用小豬撲滿裡的錢嗎？」

媽媽：「那不能用。」

說著說著車子已到大兒子家門口，孫女芮芮只好心有不甘的下車。

「上週妳表現好棒！忍耐了一星期，今天奶奶要送妳一次扭蛋機會！」

時間咻一下！很快的又過了一週，這週是銨銨生日，家庭聚會結合慶生會。我和老爺早早到餐廳，想提早見到我的兩顆「療癒特效藥」。約莫二十分鐘後小兒子與媳婦到來，大兒子一家人也相繼出現，孫女芮芮看起來有點起床氣，一臉不悅！

我開口問：「要不要跟奶奶打招呼，我有好消息要宣布唷！」

芮芮搖搖頭，我說：「沒關係！等妳想清楚後再跟我說。」之後餐點陸續上桌，直到中場時分，芮芮終於開口：「奶奶好！」

奶奶：「上週妳表現好棒！忍耐了一星期，今天奶奶要送妳一次扭蛋機會！」

此時，芮芮露出喜悅的笑容，說謝謝奶奶！奶奶與媽媽的角色真不一樣，昔日的我是個「虎媽」，嚴格要求孩子的行為舉止。而今我卻是個「羊奶」，尊重的接納孫子的情緒與行為。

愛現的粉紅豬奶奶

奶奶可以去妳的班上說故事嗎？

「如果奶奶到教室說故事，妳會跟同學介紹，這是我的奶奶嗎？」

以前我是「愛媽」（愛媽是愛心媽媽的簡稱，但我常自喻為愛現的媽媽），現在我升格為「愛心奶奶」。孫女芮芮進入幼兒園小班之後，每回家聚時，總會關心的問她上學的心得。上學一星期後，我問她上學的狀況。

芮芮：「第一天只上半天課，我哭一下子。第二天，我看到中午有同學可以回家，我就開始哭了，我想媽媽（當下還真的有點心疼）。」

時間快速的流動，芮芮已晉升為中班的女娃，某天我刻意的問芮芮：「妳們班上有同學的爸爸或媽媽到教室裡說故事嗎？」

芮芮：「有呀！誰誰誰的爸爸就來過啊！」

奶奶：「奶奶可以去妳的班上說故事嗎？」

芮芮：「可以呀！我要問問老師！」

「不會！妳去講故事時，我不想讓同學知道妳是我奶奶。」

奶奶：「如果奶奶到教室說故事，妳會跟同學介紹，這是我的奶奶嗎？」

芮芮：「不會！妳去講故事時，我不想讓同學知道妳是我奶奶。」

當下我並沒有再問她，就尊重她的決定吧！終於得到老師的許可，輪到我當愛心奶奶的前一晚，我問媳婦需要準備什麼禮物，在故事結束後，供小朋友們有獎徵答使用。

媳婦說，孫女芮芮已經決定送小朋友們貼紙而且也已經備妥，接著媳婦又說芮芮明天應該可以去上學了。她因為感冒咳嗽，已經三天沒去上學。聽到媳婦這麼說，我不禁覺得好慚愧，自己實在是個「既虛榮又愛現的奶奶」，為了滿足自己的虛榮心，竟讓孩子抱病上學。後來媳婦傳來訊息，總算讓我放心許多。謝謝老師！提供我們祖孫這麼棒的生活經驗！

療效十足的特效藥

天倫之樂療效十足，身上病痛可以「不藥而癒」！

 「妳好棒哦！妹妹，真沒想到我有這麼棒的妹妹！」

天下的父母們都是一樣的，期待子女們能手足情深、兄友弟恭。孫女小銨銨出生後，芮芮立即升格為姐姐，在兒子與媳婦細心的教導之下，芮芮成為一個既貼心又成熟的姐姐。雖然妹妹小銨銨常常脫軌的攻擊姐姐，姐姐不僅沒還手還貼心的原諒妹妹。某日，媳婦帶兩個孫女到國父紀念館騎腳踏車，芮芮竟以做姐姐的高度，讚美鼓勵妹妹。

芮芮：「妳好棒哦！妹妹，真沒想到我有這麼棒的妹妹！」

 「我是安娜、姐姐是艾莎！」

自三級警戒後，我只能透過視訊跟孫女們閒聊。兩星期前再度與孫女們視訊時，發現小銨銨的頭髮已長長不少。於是我讚美小銨銨：「Baby，哇！妳的頭髮變長了，好漂亮喔！」可愛的小銨銨，用手把頭髮往後波動了一下，回答：「我是安娜、姐姐是艾莎，爸爸是……媽媽是……。」芮芮在這個年紀時曾說：「我是公主，Daddy 是王子，媽咪是馬，爺爺奶奶也都是馬。」

每每看到孫女們天真可愛的模樣，沉浸在這天倫之樂樂無窮的情境之中，奶奶我身上的病痛自然「不藥而癒」，你說這療效難道不是十足的嗎？

我的學生

朽木還可以做什麼？
朽木不可雕，但是可以種香菇啊！

 「你們呀！真是朽木不可雕也！」

一位機車老師的告白：「我是一位『機車』老師，而且還是紅牌（重型）機車。很慚愧執教六年之久才知道『朽木不可雕也』的新釋義。」距今三十幾年前，那時我剛結束高三畢業班的帶領。恰巧學校裡有位同仁欲前往美國進修，當時這位老師他所帶領的高一班級，因而出缺導師。學校商請我幫忙承接該班，於是我正式成為這些孩子的「後母」。平日對於中華文化情有獨鍾的我，始終覺得學生應該接受更多古文化的陶冶與洗禮。經常要求學生研讀及背誦古文，但這群正處在「青春期」的學生，無法感受其中的重要性。常常是以「吹鬍子瞪眼睛」還以顏色的態度相向。某日課堂中，我調侃學生們：「你們呀！真是朽木不可雕也！」

 「老師！朽木不可雕，但是可以種香菇啊！」

當時班上的同學雯雯：「老師！朽木不可雕，但是可以種香菇啊！」

這當頭棒喝，令我感到羞愧不已！每個人的人生價值不同，我怎麼能以自己的標準去批判這些孩子呢？從那之後，我將「朽木可以種香菇」這句話，深深的刻在我的心板上。衷心期盼，在第一線執教的老師能體認，「荏荏馬也有一步踢（台語：虛弱的馬，也是會踢人的，意思是天生我才必有用）」。每個孩子都有其亮點，你得用「孫悟空的火眼金睛」去找出他們的亮點！

記得嗎？那年我們在「中山堂」舉行畢業典禮，當時大腹便便的我，還臨時受邀上台向畢業生致詞勉勵。我是以史蒂芬史匹柏的得獎感言「每晚跟自己算帳」（吾日三省吾身）」勉勵你們！

善的循環、愛的感染

只要我們願意撒下種子，總有一天會萌芽長成幼苗甚至開花結果。

 「黃老師，妳為什麼要對我這麼好啊！」

內心始終盼望這個世界有著更多「善的循環、愛的感染」的事蹟。理由是自己父親早逝，從小生長在單親家庭，當同年齡的孩子都能在入小學前，先進入幼兒園上學，相對成熟懂事。而家境貧困的我，因為文化刺激不多，八歲入學後與同學相對比，顯得較呆笨些。例如數數無法從 1 數到 10，反應夠遲鈍吧！

多虧啟蒙老師 —— 謝老師及二姐夫耐心的指導，終於，跌跌撞撞的走過「撞牆期」。長大後自己成為一線教師時，就特別要求自己能本著初衷回饋學生。

 「黃老師希望你能記得，把這個好再去對待別人，讓另一個人也能感受這份溫馨與好意。」

千禧年那年，我的班上轉來一位短短一年間已轉過將近十所學校，非常特別的孩子。雖然這孩子感覺統合出現問題，但是，在植物領域的知識，比起同年齡的孩子可厲害許多。大約三、四個月後學校舉行體育表演會，這孩子終於可以參加團體競賽活動。據孩子陳述，以前的老師說他不能參加比賽，擔心影響班級的比賽成績。孩子得知自己可以參加競賽活動，喜悅的心情溢於言表，再加上平常我會在聯絡簿上給予孩子關懷與支持。這天，孩子竟天真地問：「黃老師，妳為什麼要對我這麼好啊！」

黃老師：「黃老師對你好，是希望你能記得，這世上曾經有人對你好，長大以後能把這個好，再去對待別人，讓另一個人也能感受這份溫馨與好

意。」因為我的啟蒙老師也是這樣愛護我的。

孩子！就從我們開始，努力的讓「善的循環、愛的感染」一直傳下去！只要我們願意且有心撒下這顆種子，相信總有一天會萌芽長成幼苗甚至開花結果。

童話「心」世界

管你升上幾年級，含糖飲料不能喝就是不能喝。

「我升上三年級後，妳就管不著了，我快要可以喝飲料了！」

喜歡迎接挑戰是我的特質，經常抱持著「不入虎穴，焉得虎子」的行事風格，於是從高中教師轉任小學教師。任教之初，雖然是擔任高年級教師，但經常在課堂上出現，因為我所說的笑話，孩子無法體會而造成場面尷尬的窘境。1999 年，不安於室的我又轉換跑道了，從高年級教師跳至低年級當保母，同事們紛紛讚許我的心臟實在有夠強。

開學第一週就遇到「怪事」。下課時間我在辦公桌前忙碌的批閱聯絡簿，突然，有隻腳跨放在我膝蓋與大腿間，並發出可愛的要求：「黃老師，幫我綁鞋帶！」

黃老師：「我不會幫人綁鞋帶，我只會教人綁鞋帶，你要學習嗎？」

這個可愛的請求者質疑地說：「妳是老師，怎麼不會綁鞋帶？」孩子，我只是希望你能學會自理，擁有自理能力。

由於低年級的作息僅半天的課程，每天上半天有如救火英雄般迎戰，分秒必爭。下課時間經常忙得連上廁所時間都捨不得浪費，更別說與學生閒聊。老爺因此常打趣地要幫我裝上尿袋導尿。

家長問孩子：「今天黃老師和你聊些什麼嗎？」

孩子回答：「沒有呀！她都一直躲在作業城堡後面，猛改作業。」

孩子，老師多想休息喘口氣，但我更想知道你們昨天的作業哪裡出錯，能早早糾正你們的錯誤與盲點。

「我會特別叮嚀你三年級的導師，絕對不能讓你喝含糖飲料！」

反對孩子喝含糖飲料是我一直的堅持，因此，我會規定學生只能攜帶開水或是媽媽自製的果汁。當班上的孩子準備升上三年級時，某天小育得意的說：「我升上三年級後，妳就管不著了，我快要可以喝飲料了！」

我篤定地回答：「我會特別叮嚀你三年級的導師，絕對不能讓你喝含糖飲料！」

如今，回憶二十幾年前的往事，這些「童言童語」著實陪我度過那些挑戰的日子，讓我即使是首次帶領這群懵懂又可愛的孩子，也能駕輕就熟。

名偵探柯北

追求真理、講求證據、天真無邪的孩子，就是這麼令人喜愛！

「黃老師妳是老太婆，怎麼用那麼時髦的手機？」

兩年前的暑假期間，我和一群活潑可愛的未來小一新鮮人共度八週漫長的暑假。這群看似頑皮的孩子，他們的思維與邏輯觀念可不在話下。舉凡對下課時間的要求，到爭取分組比賽的計分方式等等的表現，簡直可圈可點。記得我剛更換新手機時，於下課時間，我取出手機閱讀訊息，有個小男生開口說：「黃老師妳是老太婆，怎麼用那麼時髦的手機？」

黃老師：「你怎麼知道我是老太婆？」

小男生：「因為妳有許多白頭髮啊！」

黃老師：「白頭髮，也可能是染髮的呀！」

小男生：「可是妳還有很多皺紋啊！」

「只要言之有理、言之有物，何道歉之有！」

放學時間家長前來接孩子，我把早上發生的事告訴家長，家長趕忙跟我道歉。我反而不這麼認為，並且勸家長不要這麼想。我覺得這個孩子很有見地，他不僅能根據證據下評斷，而且還言之有理。這樣的行為並無不好，只是要指導他說話態度圓融，並注意理直氣和不要咄咄逼人。真理絕對是越辯越明，只要言之有理、言之有物。相信這孩子將來不會人云亦云，隨波逐流，鼓勵他都來不及了，何道歉之有！況且這群追求真理、講求證據、天真無邪的孩子，就是這麼令人喜愛！

放空與耍廢

腦袋瓜就像杯子一樣,得先「放空」才能注入活水。

「我的嗜好是『耍廢』!」

如果有一天,孩子告訴你:「我的嗜好是『耍廢』!」你會有什麼反應?

去年暑假,我是「白雪老公主」,擁有七個小矮人 —— 天真可愛的學生。第一堂課,按照往例一樣,讓孩子們做自我介紹,而後再書寫自傳。

其中有一位「酷弟」,介紹自己的興趣時,在一旁觀課的爺爺猛搖頭,並且於下課後,非常客氣地向我道歉:「老師,對不起!家教不好,沒禮貌。」但是我卻有著不同的看法,且聽我娓娓道來……

酷弟:「我的興趣是打電玩遊戲,嗜好則是『耍廢』。」

「黃老師覺得腦袋瓜就像杯子一樣,得先『放空』才能注入活水,誰說『放空』不重要!」

老師:「哦!嗜好是『耍廢』,很棒唷!黃老師真羨慕你有這樣的嗜好。記得前台大校長傅斯年曾告訴過我們,每個人每天都得保留三個小時來『放空』,讓思想自由。為了保留傅校長的睿智理念,台大校園裡還因此設立一座傅鐘紀念,而且在每個整點報時的時候都會敲響二十一下。黃老師覺得腦袋瓜就像杯子一樣,得先『放空』才能注入活水,誰說『放空』不重要!但記住喔!以後要說,我的嗜好是『放空』,而不要說『耍廢』,並且還要把傅校長這理念分享讓其他人知曉。」

親愛的既酷又可愛的孩子,「放空」也好「耍廢」也罷,休息只是為了走更遠的路,就如同國畫中的「留白」,何嘗不是一種美的表現!「放空」絕對是一項很好的嗜好唷!

誰是危機處理高手？
誰說孩子不懂事！

 「如果有一天，有一個滿身臭味的街友走進車廂，他一屁股就坐在你的旁邊。這時，你會有什麼反應？」

我雖然不如偉大的教育家孔子般作育英才，但是平日的教學我也喜歡透過繪本的閱讀與討論，讓學生「盍各言爾志」。某日我導讀《你很特別》後，隨即問學生：「如果有一天，當你進入捷運車廂，發現車廂裡有三個空位，於是你選擇其中一個座位坐下來。車子行駛至下一站時，有一個滿身臭味的街友走進車廂，他一屁股就坐在你的旁邊。這時，你會有什麼反應？」

 「我會靜靜的坐著，下一站下車，改搭下一班車。」

學生們紛紛發表意見與看法。

小 A：「我會捏住鼻子！嗯！好臭哦！」

小 B：「我不僅捏鼻子，還會移動並且更換座位！」

小 C：「我會輕輕移動屁股，然後離他遠一點⋯⋯。」

輪到小喬回答時，小喬慢條斯理的回答：「我還是會靜靜的坐著，等下一站到站時，我再下車，改搭下一班車。」

聽到小喬的回答，我想堅定地反駁許多成人的說法與觀點，誰說孩子不懂事，像小喬這樣既冷靜又貼心的孩子，能以智慧的方式解決他面對的問題，不正是我們希望培養孩子的能力嗎？做師長的我們要切記，我們無法永遠替孩子撐著一把傘，為他遮風避雨，因此，培養孩子擁有十八般武藝，遠比給他一件金鐘罩、鐵布衫來得更加有用也更具意義！

Chapter 2

教育、體悟與生活

溫馨家庭溫馨事

再聞媽媽的味道

面對藺草帽有如看見母親般，滿腹的委屈與悲傷，忍不住潸然淚下，想藉由藺草帽寄語母親。

試問普天下所有的孩子們，什麼時候你會想念媽媽？是在快樂愉悅的時候，還是身處困難或人生低潮的時刻？相信答案不言而喻。沒錯！前些日子當自己人生遇到風浪，在驚濤駭浪中，特別思念母親，很想躲在母親溫馨的懷抱裡避風暴。心中萬分想念已逝的母親，腦中閃出「藺草帽」，記憶中這「藺草帽」不僅養活全家，而且還蘊藏著濃厚母親的味道。童年時期，每天傍晚媽媽會差遣我將完成的手工「藺草帽」提交給代收老闆，換取工資，而這工資就是全家隔日的菜錢。

今日很想走一趟苑里（家母出生地），渴望徜徉在幸福的味道裡。此刻，站在「藺草文化館」內，面對這藺草帽有如看見母親般，滿腹的委屈與悲傷，忍不住潸然淚下，想藉由藺草帽寄語，告訴母親……。更希望母親那雙飽受風霜滄桑粗糙但溫暖的手，能拍拍此刻無助的我。坐在編織教學的日本和室裡，感覺回到兒時陪伴母親在房裡編織的情景，有如動畫般一幕幕呈現腦海中。雖然只是短短的一小時，見帽如見娘，已經足以療癒傷痛，更讓我又能勇敢的面對困難，同時堅強的向前行！

回程時，更心滿意足的帶回「等路」（台語：伴手禮）──「藺草帽」送給我的兩顆療癒特效藥小孫女。

愛到最高點

「家」是彼此關懷、包容、願意付出，不僅是停泊灣更是避風港！

討厭一成不變的生活方式，想讓生活充滿驚喜又富變化，其實不用大費周章，只要加上一些巧思即可以喔！

記憶中，有一年老爺生日，我特地買一張大卡片，孩子們和我分別寫下祝福及期許；卡片如果就這樣直接交到老爺手上，就一點也不驚喜，於是我想出較特別的方式來表現卡片的意涵。生日當天是週六，老爺一早開車準備前去上工，我與女兒隨行老爺；我們一上車，老爺覺得奇怪，明明是週末休假日我們倆為什麼跟上車。我只隨口搪塞：「女兒學校有活動，所以得去學校。」我們在校門口對面下車，再走路到老爺上班的醫院。我們偷偷拜託門診護理人員將卡片放在 X 光螢幕上方，並請他提醒老爺是患者拜託查看的 X 光片。雖然沒看到老爺打開卡片的畫面，但我想應該會是相當驚喜吧！

我家還有一本特別的創刊號《爸爸連體小書》呢！這是我與孩子們表達對老爺的感謝與叮嚀的手札──爸爸節禮物。手札固然很獨特，不過覺得最值得分享的應該是「戲偶戲劇」。在父親節的前兩週，我趁著老爺不在家的時間，悄悄的帶著孩子們親自縫製手工布偶。當時雖已是青少年的兩個兒子仍能極力配合，著實令人感動。在父親節當天我們合力演出布偶劇，爸爸還驚訝的問哪裡買的布偶？怎麼這麼可愛，而且外型又這麼像每一個家人。相信這場戲劇對孩子們與爸爸而言，應該都是體驗一場既溫馨，又充滿兒女親情、享受人倫之樂的親情戲場。

每個人對「愛到最高點」──「家」的詮釋可能不同，我個人認為有愛的人，彼此關懷、包容、願意付出（完全是出於自發，而不是被情緒勒索），不僅是停泊灣更是避風港，它就是家。

有燒香有保庇

培養孩子解決問題的能力比求神問卜更重要。

俗話說：「有燒香有保庇，有食藥有行氣（台語）。」一般人常常在無助的時候，會求助宗教信仰，我也不例外。那年為了幫大兒子國中基本學力測驗祈福，我接受同事的建議，成為正港的「三枝雨傘標」（好媽媽、好太太、好媳婦）。從中午十二點半一直站到三點半，足足站了三小時。此次不僅為大兒子點光明燈，也為小兒子及女兒點魁星燈，更為老爺和自己安太歲（哈哈！其實，老爺應該是安「太座」比安「太歲」更重要）。為了家人我廢寢忘食，沒睡午覺、沒吃午餐，或許你會說「不問蒼生，問鬼神」太迷信了。其實，我原本也是非常鐵齒，但是周遭的朋友都這麼做，我好像也應該從善如流。這樣的舉動，說穿了就是一個無助的母親的擔心與愛心。老爺出國進修時，大兒子曾在美國接受幼兒園教育，因此，對於台灣的教育制度頗不能接受，做為父母的我們也沒嚴格要求他追求好成績。

我當然也知道，培養孩子解決問題的能力比求神問卜更重要。人生的樂章與音符，可能因人而異，相信唯有放手讓孩子學習自己譜曲，才能創作出氣勢磅礡的樂曲。我們這一代的父母已經不求養兒防老，只是希望孩子不要造成社會成本的負擔，更希望兒女們能為社會點一盞「光明燈」！

學歷、學力

學習能力具有舉足輕重的地位，經過歷練而得到的能力與終身學習的態度，才是真正的本錢。

電影《三個傻瓜》中的男主角藍丘答司替老闆的兒子前去印度知名大學求取學歷，有著超強的學力，卻不具學歷。學歷、學力您在乎注重哪一個？或者是兩者缺一不可。話說旅遊也是我全家共同的嗜好之一，千禧年那年全家首次利用春節期間出國旅遊。由於這次是全家一起首次出國，所以經全家共同討論商議後，決定參加義、瑞、法旅遊團。之後，再從法國脫隊搭歐洲之星子彈列車前往英國倫敦。

因為半年前的暑假，大兒子與小兒子曾到英國遊學，大兒子還拍胸脯保證，可以承擔導遊的任務。兒子們很有自信地說起去年的英雄事蹟，當他們在 Queen Mary University 第一週放假時，生活導師讓他們自己出遊倫敦景點，傍晚六點前再回到宿舍分享，看看誰去的景點最多。在倫敦複雜四層的地鐵之下，不迷路已經不容易了，對於初次乍到的人來說更是不簡單，難怪兩個兒子自信滿滿。

旅程的前半段，完全按照旅行社的行程表操課。希望孩子們能藉由此次，行萬里路去印證自己所讀過的萬卷書。行前我還認真的做足功課，期望這趟旅遊，孩子們能夠物超所值的好好學習與驗證課本上學到的地理與歷史。如今回想起來，覺得還真有些可笑，旅遊的目的不就是放鬆的體驗當地的文化與風俗民情嗎？幹嘛這麼嚴肅，沒辦法，誰叫我是「虎媽」。

後半段的行程由大兒子負責安排倫敦知名的景點，包括海德公園、白金漢宮、倫敦塔與大笨鐘，另外還有個重要的行程是孩子們去年暑假遊學的 Queen Mary University of London。年僅國一的大兒子與小四的小兒子在國外旅遊期間，確實做個稱職的導遊，舉凡帶路參觀各大景點，到用餐時間時幫全家訂餐點餐。放手讓他們全權處理，哈哈！誰叫他們大言不慚的要求我們得付導遊費。

看到兒子們這樣的表現，我試著勸勸老爺：「你看這麼棒的孩子，生活能

力那麼強，這遠比考試成績重要吧！」老爺對於大兒子平凡的成績表現一直耿耿於懷，因為老爺有著根深蒂固的觀念：「萬般皆下品，唯有讀書高」。我不是認為學歷不重要，學歷有時就是一張能搭上列車的車票或是入門票。有車票上車才能欣賞沿途風光景色，有門票入館始能群覽傑作，當然入門之後就得由「學力」展開後續的旅程。離開學校後學習能力則具有舉足輕重的地位。經過歷練而得到的能力與終身學習的態度，才是真正的本錢。從後半段的旅遊中，我肯定兒子們的能力，而不再為他們擔心，我知道他們已具備翱翔天際的能力。

苦兒流浪記 —— 豪華版

遇到問題或危機，擁有冷靜處理的能力遠比中狀元或探花更重要。

重賞之下是否真的能出現勇夫？為了激勵小兒子國中基本學力測驗能有優秀的成績表現，老爺「豪賭」承諾小兒子，一旦考上狀元或榜眼（建國中學或師大附中），爸爸就放棄暑假旺季的工作十天，陪全家前往美國佛州的奧蘭多迪士尼樂園作為獎勵。1994年第一次帶兩個兒子去奧蘭多迪士尼，孩子們一直覺得意猶未盡，期待能再度前往。這次更是老爺從業二十年來第一次「放暑假」。

放榜後，小兒子確定如願中舉 —— 榜眼，全家開始張羅美國行。行程第一站佛州、第二站紐約、第三站加拿大尼加拉瓜瀑布。由於奧蘭多迪士尼幅員廣闊，因此我們決定入住園區飯店，準備爽玩一番。

印象中好像是第三天的行程，孩子們決定前去水上主題公園，由大哥帶領弟妹前往。因為已購買園區套票，也就沒讓孩子攜帶太多的現金在身上。當孩子進入水上公園後，發現所攜帶的現金僅夠支付寄物櫃費用，於是大哥決定搭乘園區內的免費接駁車回飯店找爸媽提領午餐費。怎料回到飯店後卻發現房門上鎖無法進入，而且爸媽也不在飯店裡。在那沒有手機的年代，大兒子也不知該怎麼辦，只好先等一會兒再看看。等了許久，終於見到爸媽，說明一切後，三人便搭車前去水上公園。

就在大哥離開水上公園後，意外的下了一場偶陣雨，園區規定撤離所有遊客以保護遊客安全。小兒子與女兒被迫離開園區，身無分文的兩人，大哥又不在身旁。聰明的小兒子決定先回飯店再說，誰知，彼此竟陰錯陽差錯過碰面的機會。焦慮的父母在水上公園門口欲眼望穿，就是看不到小兒子與女兒的蹤影。另一頭，兩個飢餓的可憐流浪兒，返回飯店也找不到爸媽。最後，兄妹倆決定再回水上公園試試機會。終於在水上公園門口重逢，有如汪洋中看到浮木般地興奮。兄妹倆隨即分享這豪華版的苦兒流浪記，他們談到第一次感受到身無分文、飢寒交迫無助恐懼的心情，確實令人焦慮不安。不過他們倆心想，如果在水上公園沒有遇見，他們只好再回

飯店等候爸媽囉!

一場意外,讓我看到孩子們遇到問題或危機,能如此冷靜的處理而感到欣慰。我相信這些能力遠比中狀元或探花更為重要。人生旅程中經常有很多事不在計畫裡,抑或是計畫根本趕不上變化,如何能因應危機,隨時修正策略才是上策。

伴侶、絆履

「相愛容易相處難」！伴侶的相處得「有點黏又不會太黏」，給彼此一點喘息空間。

雙十節當天一早老爺害相思病——想吃大安路早餐店的「蔬菜麵粉煎」，於是驅車前去購買。途中竟巧遇兒子帶著兩個孫女們，正準備前往公園騎腳踏車及滑板車。就這樣我與老爺即興更改計畫，跟著去公園，早餐當野餐，享受天倫之樂。孫女小銨銨在公園玩遊樂設施時，忽然鞋子滑落，此時大孫女芮芮竟童言童語的冒出一句：「妳是灰姑娘哦！」意味著童話世界中的灰姑娘，在舞會上遺留一隻鞋子。

童話故事裡總是描述「公主和王子從此過著幸福快樂的生活」，然而在實際生活中呢？一般而言結婚的「新人」，會在結婚喜宴上以「山珍海味」宴請賓客，但卻不會用「三珍海胃」款待彼此。什麼是「三珍」？什麼又是「海胃」？

「三珍」指：一、「珍愛」彼此，你的伴侶可能不是第一，但絕對是你的「唯一」。二、「珍惜」彼此相處的時刻，因為人生無常。三、「珍藏」每一段回憶。而「海胃」則指擁有一個如海納百川包容彼此的度量。相識只是一瞬間，相知得要數十年；一段姻緣就如買鞋、穿鞋哲理般，外型美觀的鞋未必適合自己，新鞋也得經歷適應磨合期。舊鞋在別人的眼裡或許不夠稱頭，但對自己是既舒適又自在，畢竟穿鞋的是你自己。自己的感受比誰都重要，正所謂「如人飲水，冷暖自知」！

常人說「相愛容易相處難」，我倒認為伴侶的相處，用這句廣告詞形容滿貼切——「有點黏又不會太黏」，給彼此一點喘息空間，畢竟雙方都是獨立的個體。在對的時間遇到 Mr right or Mrs. right 當然是最完美的事，萬一不幸在不對的時間遇到不對的人時，請千萬不要敝屣自珍，誤把絆履錯當伴侶。四、五年前日本開始出現「卒婚」的新思維，或許在不離婚的情形下有著幸福的選擇，彼此關心而且仍然是家人關係，只是可以在不傷害彼此的前提下，完全自主地做自己。

托爾斯泰說：「幸福的家庭都相似，不幸的家庭則各有其不同的原因。」世上沒人能提供我們絕對完美的婚姻策略，唯有自己最了解自己的婚姻狀況，願大家能領悟伴侶可以彼此「牽伴」但可千萬不要「牽絆」的哲理，畢竟人生很短暫！

牽手

平凡的舉止存有無限的關愛。童年的那雙手自有形變無形，隱隱然有一股力量，牽我走過童年的懵懂無知，為我擋下成長路上的風雨、挫折。

走過風雨，一雙手，可以在你無助時牽起你帶給你方向與溫暖，那是最平凡而安定的力量。在我的腦海中一直有一幅這樣的畫面：哥哥在熙來攘往的人潮中牽起我的手，不因為媽媽的指示，只因為擔心我走丟。渾圓的臉頰，一頭稚氣的西瓜皮，哥哥一百出頭的身高裡藏著如巨人般的肩膀，帶給我呵護與安定。

童年裡，與我相差三歲的哥哥不總是對我禮讓、疼愛。我們時常鬥嘴、意見不合，甚至會為了遙控器大打出手。但也許是媽媽早有交代，也許習慣成了自然，只要出門在外，哥哥總毫不猶豫地牽起我的手，為我小小的視野開拓方向。

從記憶中肥嫩飽滿的小手，漸漸長成修長粗糙的手掌，隨著時間的推移，哥哥不再似從前那樣在大馬路上牽起我的手。取而代之的是肩並肩的距離，兩個分離的個體自顧自地前進。越趨成熟的我們不再爭吵、打鬧。相處的時間除了用餐就只剩下那段凌晨自家裡往便利商店買宵夜的路。短短的路上我們交換近期的生活、情感上的困難，或者只是簡單的說些不著邊際的玩笑。兩雙不再牽起的手，也因此自別處獲得情感上的連結。

兒時的一幕場景蕩漾於心，很久後的今天才終於明白哥哥最平凡的舉止存有無限的關愛。童年的那雙手自有形變無形，隱隱然有一股力量，牽我走過童年的懵懂無知，為我擋下成長路上的風雨、挫折。靜靜的，不需要言語，哥哥牽起我的手，引領我闖蕩未知的世界，如今放了手卻也總是在身後觀望，不曾停止對我的看護。

2010 年 Ariel 於台北

等待

你所等待的是什麼？

又是一樣的場景，每個星期六晚上的餐桌，我和兩個哥哥和媽媽望著缺席的位子，等待父親的出現。

小時候每日家中全員到齊的晚餐時間隨著三個孩子的成長越趨減少。在奔波於工作的哥哥和爸爸，忙碌於課業和社團的我之間，母親訂下了一週一次的家庭聚餐時間。於是每個星期六，全家排除萬難一起到餐廳用餐成了多年的習慣。

然而這般排除萬難也絕不缺席的慣例隨著父親的事業成長有了改變。每週六至父親診間看診的病人越來越多，即便自早上八點就坐在椅子上從未離開、未用餐，父親診間門口的病人依舊一波接著一波湧入，似乎沒有停息的片刻。時常待父親耐心的向最後一個病人交待病況後，已是十幾個小時後的晚上用餐時間了。當然沉浸於工作已達忘我的父親是不會留意時間的。

於是從多年前的七點到之後的七點半、八點，甚至是用完餐了也不見父親蹤影，五缺一的餐桌，「等待」成為家人共同的習慣。從起初的不耐煩、埋怨到後來滑著手機的冷漠，一週一次的家庭聚餐似乎不再像從前那樣充斥著歡笑與溫暖。

直到一次母親再也不耐煩地催促電話那頭的父親，甚至撂下：「你再不來我們要走了！」的狠話，一切才有了不同。掛掉電話後，父親隨即以看得出勿促甚至疲憊的步伐姍姍來遲。「對不起讓你們等那麼久，病人從台中來，拜託我一定讓他加號。我看完就馬上衝過來了。」說完，爸爸摸摸我的頭的問我吃飽沒。那個瞬間我才明白，原來等待的不只是餐桌上期待爸爸出現的我們，也是診間外枯坐整日的病人，更是那節省休息時間，等待在一日忙碌工作之後，和家人好好吃一頓晚餐的父親。「爸，你快點餐啦！」嘴上若無其事的我，卻也在漫長的等待之後心頭湧出一股暖意。

2010 年 Ariel 於台北

「善解」人意
「善解」是對於一切的行為表現做「善」的解讀！

每年鳳凰花開的季節，正是校園裡莘莘學子告別師長、同學與學校的時候。孩子們看似得以脫離苦海（學校），殊不知卻是跳入另一個火坑（職場）。那年女兒大學畢業後，前往美國深造，事隔一年學習有成完成修業。為了參加女兒的畢業典禮，我和老爺千里迢迢飛行一萬多公里前往加州。

到達洛杉磯後女兒告知，有位指導教授邀請我們餐敘，女兒基於文化與語言隔閡的考量，覺得不宜接受。另外也擔心我們這對父母無法於席間暢談，造成尷尬場面。但我卻認為那是一種禮貌，應該接受邀約。老爺也滿心喜悅的告訴女兒，他會負責把場面炒熱，不會出現冷場現象。聚會當晚，為了表示友善與感激，老爺便侃侃而談。談自己對女兒的期許，原先希望女兒能承接衣缽，不過女兒對於從事記者有濃厚興趣，雖然我們知道記者的收入微薄，但我們還是尊重她的選擇。此時，只見女兒有著坐立難安的表情，反倒是教授開始安慰起老爺：「你有個這麼積極進取的孩子，不僅成績優異，更知道記者對社會的職責與貢獻，而且還取得美聯社（AP）的實習。這一切並不亞於就讀紐約霍普金斯大學（The Johj Hopkins University），你該感到驕傲並引以為榮。」

餐敘結束送走教授之後，女兒就在餐廳門口發飆：「你到底有多討厭我的職業？教授也是位記者，你竟然在人家面前數落記者這行業。」當時一臉錯愕的老爺不知如何是好，我只好打圓場的說：「爸爸不是這個意思，我們也一直以妳為傲，還經常向朋友炫耀。爸爸只是擔心冷場，想找話題聊聊。」

當晚我簡直徹夜難眠，怎麼一件美好的事卻搞成這樣的僵局。於是，我再度傳了訊息給女兒，希望能化解這局面。

其實，看著羽翼豐厚的女兒，對照去年初到南加州大學（USC）時面對生活適應及課業壓力的情境，我知道她已經成長，有能力翱翔。但我更希

望她能善解人意。我把釋義放在「善解」，對於一切的行為表現做「善」的解讀，尤其是面對家人更當如此！

有時，家人的一句話聽在你耳裡可能是囉嗦嘮叨，但其背後所蘊藏的是無盡的關愛。此時，能否「善解」人意就更顯重要！

芝加哥驚魂記

我不惜揮灑重金、體力的耗損及時差的煎熬與折磨，前往美國享受親情。

牛郎織女每年七夕鵲橋相會，我們比牛郎織女更幸福，半年就能見面來治療我的相思病。這次老爺要前往芝加哥參加會議與華盛頓募款餐會，我當然不能錯過這最佳時機，再次當個跟屁蟲。行前與女兒討論後，女兒決定從紐約飛到芝加哥與我們會合。在芝加哥我們母女倆的足跡遍布芝加哥街頭、千禧公園，盡情享受女兒送的昂貴小禮物──「奢侈陪伴」；也搭乘芝加哥碼頭的摩天輪欣賞夜景，然而比夜景更美的卻是「親情」。

結束芝加哥行程，準備飛往紐約，我們抵達芝加哥機場櫃台 check in。登機半小時後，航空公司突然宣布紐約大暴雷陣雨，所有飛往紐約班機停飛，於是我們只好離開機艙。此時，機場裡所有旅客焦慮無奈的領回已經 check in 的行李、退票、訂票。分秒必爭不打緊，更在僧多米少的情況下票價瞬間翻倍漲。只見女兒冷靜的兩支手機敲來敲去，不斷試著解決目前的慘況，同時還要聯絡老闆週一無法準時上工。經過幾小時，終於搞定隔天匹茲堡飛往紐約的機票。

接著得處理眼前面臨的兩個問題，一是明天去匹茲堡的交通，二是今晚夜宿機場附近的飯店。由於事發突然，機場附近所有飯店一房難求，最後，終於找到機場附近的三流摩鐵，不僅室內充滿霉味，洗手台及浴缸其髒無比，枕頭床單就別提了。當晚我和女兒穿著帽 T 把頭包住睡覺，還深怕被洗劫……警匪片看太多了！隔日一早飛往匹茲堡，並在匹茲堡機場附近享用不算美味的早餐，但比起昨晚的飯店來已令人安心許多了，更高興的是我們終於登上飛機，可以如期飛往紐約。

飛機到達紐約，我們還得趕場，前往早已預訂的百老匯秀。走在下班擁擠忙碌的紐約街頭，感受著忙碌的紐約客生活，終於抵達下榻飯店與提前回到紐約的老爺會合。簡單打理後便出門，接續而來的行程是百老匯劇場──《芝加哥》。欣賞後，不禁讚嘆這些表演藝術工作者，他們沉浸於自己熱愛的表演工作長達二十年以上，因此傑出自不在話下，總算為這

「芝加哥驚魂記」畫下完美的結局。

我總是不惜揮灑重金、體力的耗損及時差的煎熬與折磨，飛行十三小時前往美國享受親情。哪怕是女兒只是靜靜的躺在我身旁不說任何言語，我仍然樂此不疲且倍感親情的幸福，即使是可能遭遇驚魂記我也不怯步。

關於教育及生活

珍貴的兩腳書櫥

將「好的程式」放入主機體內填滿空間，而那些「不好的程式」自然遭到淘汰！

世界各國對於如何培養孩子閱讀習慣，各有其妙招。猶太人為了讓孩子喜歡閱讀，會在書籍的封面塗上蜂蜜。記憶中，大約是 2002 年左右，當時非常流行「學習型家庭」的概念。我也適逢其時趕上這時髦的流行，1999 年參加教育部舉辦的「千禧閱讀年」讀書會帶領人種子教師培訓後，便組成家庭讀書會，把家人當作白老鼠實驗。此後，我的家庭便成為「學習型的家庭」。雖然，以往已常於假日時帶領孩子們閱讀、上圖書館或書局，但這些活動老爺都沒參與。這次既然是「學習型的家庭」，當然他就無法置身事外囉！

俗話說：「工欲善其事，必先利其器」。為了這項慎重的活動，首先，我購買一套大師名家繪本——六十冊。當這套書出現於家中時，竟招來老爺的責備：「妳怎麼這麼浪費，一套書 2 萬 6800 元妳也買回來，而且六十本那麼多，什麼時候才會讀完？」由於我心中早有打算，只好裝聾作啞，不做任何回應。為了讓這家庭讀書會更具吸引力，我通常選在全家外出品嘗美食時，於餐後享受甜點之際，開始全家輪流朗讀繪本，有時也會在家中以下午茶的形式來進行。此時的婆婆也置身其中，欣然地享受聆聽我們朗讀故事。當然想要組成這樣的「學習型的家庭」並不容易，其中遇到的困難更不在話下。

首要克服的是該如何說服老爺參與，當我向老爺提議時，老爺回應：「繪本！那是小孩的讀物，我已經是大人了，妳帶著孩子讀就好。」於是我只好運用我三寸不爛之舌的功力極力說服老爺。接著，在過程當中，每個人能否專心積極參與討論也是個難題。在那個使用 BB call 的年代，經常在討論的過程中，只要老爺的 BB call 一響，就得離席回覆電話。此時孩子

們便開始抗議：「為什麼爸爸總是不專心，還要求我們……。」孩子們分享討論時就更顯意興闌珊。當然這時候的我則是非常失望與生氣，也不給家人有好臉色。另外的狀況是，孩子們以往並沒有分享與表達自己看法的經驗。剛開始時，兩個哥哥總會指責當時年僅四歲的妹妹，為什麼老是亂說。幾經多次的指導後，孩子們也開始學會接納與包容人生閱歷不足的妹妹。

花了兩年時間總算把這套昂貴的套書六十冊全部讀過。沒想到，歷經兩年家庭讀書會活動之後，老爺竟然向朋友、同事強力推薦這套「貴桑桑（台語）」的套書。這當中，除了孩子的閱讀習慣漸漸養成，同時口語表達及批判思考能力也因此提升。當然不僅親子之間的互動增加，家人的情感與凝聚力也相對增強。這讀書會持續一段時間，直到大兒子國三時，兒子覺得需要擁有更多的時間安排自己課業的複習，而畫下休止符。雖然之後，不再閱讀書籍，但我仍然會在晚餐時間，提出時事或職場上發生的問題，針對問題盍各言爾志。這種分享與討論的習慣至今仍持續保留，而且孩子們也紛紛將這樣的互動模式實際運用於職場！

其實，當初只是把家人當作白老鼠實驗，以及單純的希望能將「好的程式」放入主機體內填滿空間，而那些所謂的「不好的程式」自然遭到淘汰！當然更希望孩子們成為兩腳書櫥！不用擔心遭遇風暴或火炬時，會讓身家財產一夕之間化為烏有。沒想到竟然無心插柳柳成蔭的讓孩子們意外的具備溝通協調的能力。

最佳拍檔說書人

播下一顆善良柔軟心的種子，收成一畝「福田」。

如果孩子能擁有一顆善良柔軟的心，相信生活周遭的氛圍必定能更加美好。已經擁有兩個兒子之後，再喜獲甘霖——女兒，這顆掌上明珠顯得有些嬌生慣養。這是環境讓她沒有機會學習，怪不得她。想要好好的矯正這習慣，但又不想說教，該怎麼做呢？最後，決定帶著女兒到醫院的兒科病房擔任故事志工。

於是便向醫院社工組毛遂自薦，說明自己是一位小學老師，已有二十幾年的教學經驗，希望能在兒科病房護理站前的廣場，為住院病童說故事。醫院社工組長答覆，他們得評估後再回答我。經過一星期後，對方並沒有聯絡，我只好主動聯繫。院方表示因為活動時間是在晚上七點到八點，此時，行政社工已下班，無法進行現場評估，因此遲遲沒有下文。我自己猜想，他們可能擔心我趁機推銷圖書。雖然被拒絕，但我還是不想放棄。

兩個月後，暑假快結束前的某日中午，我與老爺相約共進午餐。餐後我央求老爺可否帶我去見社工組長，我想再試試！老爺無奈地回：「妳也真愛說，人家都拒絕了，幹嘛！非去說不可！」我心想，既然決定我就沒理由放棄，而且這種方式對女兒最好。不僅能讓她了解，擁有一顆關懷別人柔軟心的重要，同時也能培養她說書的台風。老爺拗不過我，只好帶我見社工組長去，見面後我表明自己的身分，並且談及先前已跟他聯繫接洽……，老爺接著補上一句，黃老師是我太太。沒想到社工組長立刻回：「杜主任，您怎麼不早說，沒問題的，下週就可以開始執行。」誰說關說沒有用，就連當志工，也得透過關說才能呢！

我們成為正式的「說書人」，這故事志工的工作持續將近四年時間。最後，在院方擔心腸病毒群聚感染下被迫收工停止。為了讓小小聽眾有選擇的權益，我們會把當月要介紹的故事繪本資訊製作海報，公告於護理站公告欄，並且慎重地拍照。當時兒科病房的護理長還問我：「是不是妹妹需要提交暑假作業呢？」

起初，由我負責說書，女兒則擔任小助理，故事結束後幫忙發放有獎徵答的小禮物。歷經一段時間之後，我鼓勵女兒也試試擔任「說書人」，我們母女倆因此成為「最佳拍檔的說書人」。

雖然每週三晚上只是短短一小時，但是不管是小小天使們（住院的兒童們）、女兒或是我自己的心裡都埋下無限的幸福感。其實，透過這項活動，我知道女兒心中已種下一顆善良柔軟心的種子，我不但沒說教，而且還達到目的。當然最大的收穫是母女合作，不僅拉近我們之間的距離，也為我們留下非常特別的志工經驗。

與人共享的快樂

傳播愛的方式有許多種，但唯有與人共享溫暖、共享關愛才能真正得到發自內心的快樂。

傳播愛的方式有許多種，也許是金錢上的援助，也許是精神上的陪伴，也許只是一抹微笑、一個眼神……，都是流露著溫暖、與人共享的快樂。

小學五年級時，媽媽邀請我每週三晚間到醫院小兒科病房擔任志工小助理。起初，我只是在一旁靜靜聆聽媽媽對生病的小天使們說著繽紛的故事，並幫忙發放有獎徵答的小禮物，漸漸的在媽媽的鼓勵下，我也獨挑大樑成了為小朋友們說故事的大姐姐。

坐在廣場中央，翻開彩色的繪本，我帶領小朋友們進入書中的奇幻世界。一下穿越通往世界的隧道，一下闖入雲端巨人的城堡，體驗每個角落的驚奇，發現世界各地的歡樂，透過這高低起伏的語調，千變萬化的表情，我與生病的小朋友們共享著充滿活力的故事。

故事的最後，有獎徵答時小朋友們熱情的參與，踴躍的發言和童言童語的回答總是溫暖著我的心。當一張張漂亮的小貼紙送到他們手上的那刻，那天真愉悅的笑容與臉上洋溢的幸福感深深打動著我。從來不知道簡單的一則故事，透過與人共享可以得到如此豐富的回饋，我心裡的快樂也一直在騰湧著。

即使只是短短的一小時，共享的快樂不曾減少。直到小朋友們揮著手滿懷感激地離去，我已然深切地明白了共享的重要 —— 傳播愛的方式有許多種，但唯有與人共享溫暖、共享關愛才能真正得到發自內心的快樂。

2006 年 Ariel 於台北

遇見大師 ── 尤努斯

成功不在於聰明與否，而是能堅持到最後。堅持與毅力有多大，成就就有多大。

曾經拜讀 2006 年諾貝爾和平獎得主尤努斯的著作 ──《窮人的銀行家》。得知尤努斯應邀來台演說，雀躍不已的我，想方設法欲購買門票入場聆聽，無奈希望落空。但心中始終有一股強烈的慾望，此事非做不可。為了想目睹大師的風采，雖然是兩點半的演講，我卻一點就從家裡出發，目標國際會議廳，純粹想碰碰運氣，因為我並沒有入場門票。一點半到達國際會議廳，眼見大廳廣場人山人海及滿坑滿谷來自各地的粉絲，與各路英雄豪傑。唉！我既不是會員也沒人邀請，只好硬著頭皮尋找機會。忽然身旁有位美女與我攀談，聊著聊著，她說她正在等候朋友前來一起入場。看她焦慮的神情，於是我大膽的提議，如果您的朋友爽約，可否把門票轉售給我，放心！我可以等到入場的最後一刻。根據吸引力法則，努力地將念力發功，就有機會成功。感謝老天的眷顧，我終於以三千元成交門票如願入場。

既然這麼昂貴的票價，我得努力聆聽，也順便磨磨年久失修的英文聽力。由於已經拜讀過他的大作，對於他的理念已有相當的了解。聆聽後，最深厚的感受與心得是，所有的成功者都跟一般人一樣，他們並不知道能否成功，但他們相信自己的「夢想」。尤努斯也一樣，他不顧家人、妻小的反對，毅然決然辭去美國的教職，堅持回祖國印度，推動鄉村銀行，發展小額貸款，實現自己的理念與夢想。

我們經常鼓勵孩子要勇於改變、嘗試、創造價值，並勇敢地追求「夢想」。試問當孩子的夢想與您的見解不同時，您是否能夠真心的祝福他築夢踏實？我曾經也夢想成立公益基金會，但我並沒有勇氣承受失敗，結果最後無疾而終。其實，能否成功不在於聰明與否，而是誰能堅持到最後。「堅持」與「毅力」有多大，成就就有多大。成功永遠屬於能堅持實踐理念與夢想的人！

懷念的播音員

原來我早已經是個 podcaster！

從高中教師轉換至國小教師跑道之後，一直有著強烈的體認，這份工作無法在短期內辭去或退休。因此只得強化自己的教學技能，儲備好十八般藝，以應付職場上的各式需求。 2006 年的暑假，抱持探索的心情，參加「發展性教學輔導系列」研習——「行動研究」。同時也帶著想探討研究的議題，前進大橋國小。在研習會場上遇到同事楊、蘇、及潘老師，隨即邀請他們一起合作研究。

由於自己服務的學校，位於文化刺激比較薄弱的濱江市場附近，學生的閱讀習慣也不是很理想，孩子借閱圖書的數量，遠遠不及台北市小學生閱讀書籍數的平均值。因此想藉由老師推薦圖書來引發孩子的閱讀興趣。起初猶豫是要採取傳統的書箱策略或其他方式，最後決定以廣播方式呈現，也因此為自己創造一項工作機會——「播音員」。

當時將這研究構想提報校長時，校長並不看好的潑我冷水，「不容易喔！可能不會成功！」不過我倒認為這項研究正符合「行動研究」的範疇，就試著挑戰這不可能的任務。沒想到這「播音員」的工作，竟然持續了四年之久。

剛開始，我們團隊以英國海德公園肥皂箱的概念為主軸進行研究，研究論文題目「校園肥皂箱」。廣播節目命名為《午餐的約會》，播出時段為每週二午餐時間十二點到十二點半。

在團隊認真的執行下，孩子的圖書借閱數量上升，達台北市年均值—— 二十九冊，而且論文參賽也獲得佳作成績。由於初嘗研究得獎的甜頭，因此再接再厲的規劃廣播節目《品德維他命》，介紹以品德為主軸的繪本，且於每個月配合中心德目，選出班級的「品德小天使」，給予獎勵配戴「品德小天使」值星帶。

透過這項企劃，我們想研究探討學生是否能在這一系列的活動之下，「不

僅閱讀量提升，另外道德行為表現是否也更趨優質」。企劃努力再度受到肯定又獲頒佳作，這次的合作成員為曹、張、王、吳老師。

第三年的廣播節目名稱是《生活太陽能》，透過廣播介紹藝術、電影及各行各業人士等生活相關的夥伴，希望學生能品味生活並儲存知識與生活能量。最後一年，更以多元文化為主題，介紹新住民的母國文化，協助孩子，透過對新住民母國文化的了解，給予新移民之子更多的接納與包容。此時的廣播節目名稱是《多元文化益開觀》。

如今回想起來仍然怦然心動！因為在那「播音員」的歲月裡，經常受到家長的肯定。家長告訴我：「黃老師！每週二來送午餐後，我都捨不得離開，總會坐在穿堂聆聽，直到打鐘。」

懷念的播音員歲月，相信在那四年間，不僅在孩子心中留下無限的回憶，也為我自己的人生旅程留下許多特別的回憶！

旅讀出航

我們用閱讀與討論印證人生的故事與真諦。

青菜蘿蔔各有所好，有人喜歡爬山、有人喜好欣賞電影，而喜歡閱讀的我總覺得「獨樂樂，不如眾樂樂」。自從 1999 年接受教育部舉辦「千禧閱讀年」讀書會帶領人種子教師培訓後，先後成立許多讀書會社團。退休後，更渴望在自家社區裡成立讀書會社團，就當作是資源回收再利用吧！每天在住家巷弄裡探頭探腦，想找尋喜歡閱讀的同好。終於有一天，看到巷子裡有三位媽媽聚在一起閒聊，我前去詢問與表白：「我想成立讀書會，妳們是否有意願加入？」三位媽媽回應：「好喔！」於是我欣喜若狂的回家擬寫邀請函，並將之一一投遞於巷弄內住戶的信箱。

兩天後，碰巧先生要前往陽明高中演講，我努力爭取跟隨。猶記當時先生納悶的問：「我去演講，妳去幹嘛！」我面不改色的回：「我去招商。」當下先生還潑我冷水，陽明高中距離我們居住的社區這麼遠，不可能有人前來參加的。沒想到我竟然招募了四名同好，再加上巷弄內的三位媽媽，已有八家將，終於可以成軍了。

猶記首次聚會當天，大夥於住家附近的茶坊——rose&brownie，開始第一次的讀書會。由於大夥都是家庭主婦，如果每次聚會得花費一、兩百元，可能造成經濟負擔，席間有夥伴提議，可否找個不用付費的地方。會後我便直奔里長辦公室，央請里長協助。里長回應：「里民辦公室無法提供固定的時段與場所，萬一遇到里民服務洽公時，可能影響讀書會聚會品質。」

次日，我再度接洽居家附近的「道藩圖書館」。館方表示，可以出租會議室供市民使用，每次費用一千元。我鍥而不捨的再問：「如何才能免費使用？」館方回答：「寫企劃案向總館申請，同時每年得要有成果檔案。」於是心想這點難不倒我，接著擬寫企劃案向總館提出申請。終於總館接受申請並同意免費提供場地。這一通過無啻是為我們這群夥伴注入一劑強心劑，五月十一日我們始航前進道藩圖書館，正式命名為「愛閱讀書會」

（由夥伴又華提供命名）。我們是一群用書籍美容的見證者，期許「愛」可行遍千里路，「閱」能讀通萬卷書。如今回想這一切，往事歷歷在目。

初航至今已十年，我們如同一家人，彼此分享快樂、人生閱歷與哲理。我們還要一直續航，緣分讓一群志同道合的老伴在知識成長「旅讀」中一起慢慢變老！

前陣子，因為疫情緊張而休會一段時間，有位夥伴擔心「愛閱」會不會因此無疾而終。我堅定的告訴夥伴，放心！我們是一家人，只要我還在呼吸，「愛閱」就會持續存在。

缺「德」的小王子與小公主

播下一種行為，收穫一種習慣，播下一種習慣，收穫一種性格，播下一種性格，收穫一種命運。

自從 1997 年完成「國民教育九年一貫課程」綱要，有很多老師私下開玩笑說：「九年一貫課程真缺『德』。」猶太政治家季辛吉說：「道德與行為的影響是教育的主要任務，而且比智力和知識更為重要。」哲學家斯皮爾伯格也認為：「播下一種行為，收穫一種習慣，播下一種習慣，收穫一種性格，播下一種性格，收穫一種命運。」所以關心孩子的師長與父母們能不在品德教育上多加著墨嗎？

現代的孩子幾乎每個都是爸媽的心肝寶貝、掌上明珠，不論到哪裡，總是有大人亦步亦趨的跟隨著。常常是飯來張口、茶來伸手，上學總是帶個「四九」或「銀心」（提書包的書僮）。在公車或捷運上，大人總會讓位給他們的小孩坐。學用品或作業忘了帶，爸媽又得充當快遞先生或小姐。碰到學校老師責罰時，有些家長更會立即拔刀相助，避免孩子自尊心受傷。飯菜上桌，總是讓孩子先吃，以免涼了不好吃。爸媽省吃儉用，辛勤工作把所有的家庭資源供孩子揮霍，造就出一個個「缺『德』的小王子與小公主」。

從前物質缺乏、教育條件不佳，好不容易有機會讀書，就算是擁有一本破舊的書籍也如獲至寶似的喜悅不已。而現在的孩子比起閱讀精美的圖書，更喜歡花時間在充滿感官刺激的電玩上。以前小孩常因家裡務農，需幫忙種田、賣菜或料理家務，貧困的家庭甚至因為經濟拮据到無法上學，然而他們還是會對父母畢恭畢敬，心存感恩。反觀現今的父母雖披星戴月，為孩子打點大大小小的事，卻不見孩子感恩，還常看到孩子嘟著嘴抱怨、咒罵。在學校老師叫不動學生、學生也不太用功、程度普遍降低。孩子對未來的遠景是悲觀的，生活是不快樂的。父母給他們豐盈的物質，並沒有帶給他們更多的歡樂。各式各樣的才藝能力栽培，卻沒有培養他們高尚的品德，養尊處優卻降低了他們面對挫折的能力。大人無條件的服務與照顧，被他們視為理所當然，反而不知感恩。

孩子真正需要的是什麼？我們深思過嗎？其實他們需要的是陪伴與管教。在忙碌的現今社會中，父母因為工作上的需要，常犧牲了陪伴孩子成長的機會，「陪伴」是孩子心靈成長重要的要素。大約十幾年前，某天老爺和大兒子發生口角，老爺怒斥大兒子：「我辛苦賺錢供你吃穿不愁，你竟然這樣頂撞我。」大兒子卻回答：「我們需要的是你的關懷與陪伴，不是物質上的享受。」家人相處的時間越多，感情自然越深厚，快樂當然也就增多。「管教」是為了引導孩子走向正軌，爸媽不僅是孩子的朋友，更要是孩子的羅盤，指引孩子正確的人生觀。不良的習慣及態度會讓孩子於求學與就業時面臨挫折和痛苦；過度豐盈無所節制的物質生活，會使孩子不懂得知足與感恩，更讓孩子不快樂。陪伴與管教兩者同等重要，平時沒花時間陪伴孩子，一見面就嚴格管教，反而影響親子關係。

小兒子在國三時，升學壓力甚大，某個假日老爺嚴厲指責小兒子即將基測了，還在浪費時間鬼混。小兒子立即義正辭嚴的回答：「Dad，你平常並沒有花時間陪我或關心我，不要每到考試就指責我，這是不好的。」孩子的言詞固然不對，但這正是孩子內心深處的吶喊。相同的，過度保護孩子，或是任由孩子「自然發展」而不教導，不僅讓孩子迷失自我，更影響孩子的人際關係。

戰國策中《觸龍說趙太后》，觸龍告訴太后：「父母真的疼愛孩子，就必須替他們做長遠的打算。」是的，唯有從小培養孩子高尚的品格，養成良好的習慣與態度，才能讓孩子活出快樂又美好的人生。

「缺德小王子與小公主」VS「品德小天使」

為孩子積累「品德資產」，勝過家財萬貫！

記得四川發生大地震時，媒體報導許多地震的消息，其中不乏小朋友捨身救人的例子。當記者訪問小勇士時，他們回答：「平時，老師和爸媽都教導我們要有關懷和救人的精神。」從這些孩子的表現足已發現，品德教育並非「速食」。

品德需要長時間的指導與培養。人格品行是教育的根本，品格也是各科學習的基石，教育目的的核心在於塑造健全的人格。多數的家長重視孩子的健康、孩子的學業，卻忽略孩子人格品行的養成。為了不讓校園裡的孩子成為「缺德的小王子與小公主」，學校老師針對品德教育中心德目並搭配繪本，設計了一系列了品德教學活動，協助孩子進化為「品德小天使」。

道德發展學家柯爾堡在「道德發展六階段」中告訴我們，品德養成的第一階段是，因為「不想惹麻煩」，才有良好的品德行為表現。例如：在校園中學生會向老師或愛心家長問好，起初或許是因為害怕不打招呼，會遭到老師的糾正或嘮叨，但在潛移默化中卻也養成了基本的應對禮儀。品德養成的第二階段是，孩子可能會要求，如果我有好的表現可不可以給「獎賞」？例如：班級中老師透過榮譽卡制度，在小朋友表現良好行為時與予貼紙鼓勵，作為獎賞，讓小朋友在無形中養成良好的生活習慣與行為。品德養成的第三階段是，孩子會為了「取悅」師長或家長而有所作為。例如我的小女兒從小就一直是一個超級優秀的小孩。小學五年級那年，她參加校外朗讀比賽，賽前她問爸爸：「如果這次我沒有像去年一樣得第一名，你是否還會告訴同事，你的女兒參加朗讀比賽？」當時爸爸並沒有回答。比賽當天孩子告訴我，她壓力好大，因為她知道爸爸希望她得冠軍。她因為想「取悅」爸爸，因而有積極的態度表現，為人父母是該深思。品德養成的第四階段是，孩子表現良好也可能只是他想「遵守規矩」罷了！但不知不覺中他們已養成守法的好習慣。孩子會關懷別人、幫助別人是因為他有一顆溫暖溫柔和體貼關懷他人的心。我的小兒子是個活潑好動的孩子，他常常大而化之，隨性的甩門，所以我時常提醒他：「爺爺是老人家，需

要寧靜，這麼大聲關門會影響爺爺休息的。」我總是不厭其煩，不斷提醒他關懷他人，也因此養成他善解人意的個性。「關懷他人」則是道德發展的第五階段。最後階段是「我有自己的行為準則並能遵循」。大兒子曾經疑惑的問我：「妳怎麼會有這麼多的服務熱忱與愛心？」我回答：「因為我從小家境貧窮，接受過很多人的幫助，如今我有能力回饋，怎能不多盡點心呢？」

話到此，家長心中必有很多的感觸或擔心，我想告訴家長不要操心、煩心而是要用心。每天一點一滴的指導與培養，孩子絕對可以從「缺德的小王子或小公主」進化為「品德小天使」的。良好的品德有助於成就事業，也是為人處世的方針；更是引導孩子邁向成功的不二法門。所以身為師長、父母的我們應該為累積孩子的「品德資產」多加努力，藉由親師合作培養出一個個「品德小天使」。

生活美學、美學生活

花道有如心理醫師，一般醫師診療身體，而花道卻能療癒心靈。

生活美學指的是什麼？涵蓋的領域又有哪些？舉凡自然生物、景觀、建築與日常消費品等等皆屬之。當然花藝創作也包含其中，由於我個人喜歡插花，因此總會在家中擺放自己創作的作品。其實家中擺放一盆生花，能讓家裡更顯朝氣蓬勃。除了自己創作外，當然偶爾也會受邀分享創作，現場插花表演。此次受國際花友會之邀，創作主題是「豐盈歲末迎新春」。希望在這秋收冬藏的季節，藉由芒草、牛頭茄並搭配香水百合，呈現結實累累收穫豐盈，並展現初春嶄新的氣象。為了讓這作品更貼切地傳達花木的語言，我個人更為作品創作一首小詩：

秋風吹起白芒飛，夕陽西垂彩霞隨。

凜凜冬日露金穗，嶄嶄新朝除舊歲。

我一直以為，學習花道不僅是視覺藝術的享受，更能充實豐富心靈。藉由一草一木來點綴與添增生活的色彩，而且插花更是生活的延伸，如何運用生活中的素材來創作花藝世界，自然更顯其中奧妙。

其實花道有如心理醫師，一般醫師診療身體，而花道卻能療癒心靈。當心靈接受滋潤，視覺被餵養之後，自然能體會花草樹木想傳達的聲息，生活何不美之有？

迎接未知但閃亮的未來

學習能力的培養與訓練是一輩子的事！

防疫宅在家有如害喜一樣，每天沒事東想西想饕客夢，詢問 Google 先生美味的「拿破崙派」何處有？答案瞬間出現在眼前……於是驅車前往。車子來到仁愛圓環，哇！好一棵特別的鳳凰木，霎時間早已褪色的記憶，慢慢推移、慢慢浮現。

又是鳳凰花開時，驪歌輕響起，是莘莘學子離情依依、歡欣雀躍的時刻。憶兒時天真無邪的歲月，盛夏時分看到校園裡掉落滿地的鳳凰花，總欣喜若狂的做成蝴蝶壓花標本，沒有聯考的憂愁，更無就業的壓力。而今年逾花甲，桃李眾多的我，再看眼前盛開的鳳凰花，心境完全兩樣，尤其在這疫情襲擊的今年。站在樹下透過花叢望著天空，雖然不是晴空萬里，但期許給予今年畢業的孩子們更多的正能量，疫情是一時的，學習能力的培養與訓練是一輩子的，趁此機會儲備戰力，將此危機化為轉機。

花道賞析

花材豐富得以呈現作品的美麗，但花材有限更能展現作品的深度與意涵。

花道、茶道與香道是中國古代居士三道。日本也有花道、茶道、書道。花道源於中國，漢朝時隨著佛教而傳入日本，花藝美學在禪宗就是一種生活方式。不論在中國或日本，早期的花道都是佛前供花，只有男人得以為之。當初的理念不僅是讓花木綻放絢麗、供人欣賞，同時還得儘量保有花木自然的姿態，讓鑑賞者能感受花草樹木自己的生命歷程。

歷經多年之後，終於女性也可以參與花道。我有幸的在接觸插花之後，便深深愛上「草月流」。容我在此為大家介紹我鍾愛將近半輩子的「草月流」。「草月流」是個極富自由創意的流派，任何的構思、素材及任何的空間（室內或戶外、大作或小品）都能自由呈現作品，絕對不拘泥形式或框架，可以擁有自己獨特的風格表現創作。作品的美感固然很重要，但創造經典，展現自己的風格更是必要的元素。學習花道可以先從鑑賞開始，相信欣賞足夠的作品後，就能創作出創意的作品。

為了慶祝 2021 年的母親節，我再度受國際花友會之邀，表演現場插花創作，此次的創作主題「萱彩飛揚」──感恩普天下偉大的母親。我以這些素材，作為創意發想：「母親是上天賦予女性的天職與傳奇，每一位母親在平凡的生活中，展現她們的非凡。因此我們特別挑選非常罕見的花材鳥不宿，象徵母親堅忍挺拔屹立不搖的精神。又以蝴蝶蘭展現母親蕙質蘭心典雅的風範，更以黃金椰子葉代表母親奉獻她的黃金歲月，成就子女。」

花材豐富得以呈現作品的美麗，但花材有限時更能展現作品的深度與意涵。希望藉由此作品，讓身為子女或者扮演母親角色的我們都能徜徉在既溫馨又珍貴的母愛光輝！

愉快遊記美麗風景

黑牌導遊初體驗
家庭旅遊是凝聚家人情感的最佳方法。

自從歐洲之旅食髓知味之後，只要孩子們沒有大考備戰之年，我總會安排規劃出國旅遊。這一年遇到大兒子「大學學科能力測驗」，心想今年只能安分守己的在台北過春節。沒想到，學測後，大兒子突然冒出一句：「好想出國散散心，整天 K 書有點煩！」春節即將到來，這節骨眼，出國去哪裡？大部分的旅遊團都已成團，而且辦理出國簽證恐怕也來不及。左思右想，就去不用再辦理簽證的國家，叮噹！日本！於是開始規劃行程，旅遊時間多久才合適？景點？住宿？等等。經過仔細考量後，終於決定安排個「吃山珍海味、住亭台樓閣、看山光水色」的「元首級旅遊行程」。

意外的旅遊令人驚喜，原本以為今年僅能在台灣島內旅遊，而現在竟身處桃園機場，等待飛機飛往羽田機場，孩子們和我的喜悅溢於言表。老爺則心疼他的新台幣被燒得精光。到達東京後，我們分別入住高檔的御用飯店 —— 大倉飯店與新大谷飯店。春節期間許多飯店都是一床難求，只好奢侈的訂囉！否則只能露宿街頭。

首站景點，是體驗位於東芝公園的電波塔，欣賞東京鐵塔的夜景並環視享受東京都之美，百聞真的不如一見。為了讓孩子們對東京可以有驚豔的印象，於是安排元首級的晚餐 —— 天一天婦羅。據說戈巴契夫與柯林頓都曾是座上賓呢。天一天婦羅不僅挑逗味蕾，就連視覺也不放過。專業師傅在你面前料理十九道炸物，精緻細膩再再展現日本人一生懸命的精神。

次日的行程是孩子們的最愛 —— 迪士尼樂園，我和老爺則挑選一處優雅閒靜的餐廳，恭候小姐、少爺們一整天。淺草雷門也是初次到日本旅遊必遊的景點，來到淺草，人力拉車更是一項特別的體驗。除了參觀雷門外，今天的另一項重頭戲是午餐，位於雷門寺後面的百年老店米九壽喜燒。店裡的特色，當食客進門時，服務人員會依照食客人數給予相對應的擊鼓次

數，非常震撼；料理美味不在話下，當然價格也是不斐囉！但是吃過之後會讓你久久無法忘懷！另一個有趣的行程是造訪日本聞名的相撲比賽場館「俩國國技館」，及參觀專門為相撲選手製作足袋的職人（足袋指的是二趾鞋襪，日本人穿木屐時使用）。老師傅純手工製作，雖然只是小小的店面，卻承載著悠久的歷史。行程尾聲就由台場的夕陽畫下今日的句點。

旅遊多日後總得安排泡湯，放鬆並消除多日來的疲憊，箱根行程對於初次的遊客而言絕對是首選，搭乘海賊船、纜車欣賞火山硫磺，遠眺雄偉壯麗的富士山，這次竟非常幸運的目睹富士山雄偉的真面目。出國旅遊如果沒有購買任何戰利品總覺得不夠過癮。因此安排一整天的血拼日（shopping day），兵分兩路直攻涉谷。男生組專攻 3C 產品及電玩遊戲，女生組重點則放在百貨服飾。今天的餐點就來體驗日本上班族的生活型態，迴轉壽司與立吞拉麵。旅程已近尾聲，最後一天新宿御苑賞櫻，遺憾的是時機不對，無法目睹櫻花雪的盛況，不過也為我們埋下一個下次再來的機會。

這次日本之旅著實讓孩子們獲益匪淺，由於是自助旅遊，旅途中難免遭遇一些問題，尤其是在那沒有 GPS 導航系統的年代，也受到相當多人的協助。參觀多處有意義的景點，更體驗日本文化及道地的日本美食，除了歡樂滿行囊外，也為家人留下美好的共同回憶。

旅遊行程：
第一天：台北出發→東京羽田機場→東京鐵塔→天一天婦羅。
第二天：迪士尼樂園。
第三天：淺草雷門→米久壽喜燒→俩國國技館→足袋職人→台場夕陽。
第四天：箱根泡湯之旅。
第五天：涉谷、代官山血拼日。
第六天：新宿御苑→賦歸（台北）。

碧海藍天

聆聽海浪的聲音,仰望婆娑的椰葉,渴望時間的轉軸就此停下步伐,

讓我思緒充滿⋯⋯。

我收藏海面上粼粼波光、

我收集悠遊自在的海風、

我窺探海邊閒靜的人兒、

我尋獲滿溢盈框的靈感。

美得冒泡 —— 茶壺山

太平洋的和風親吻臉龐，這美得冒泡的景色，讓妳暫時忘了焦慮忘了憂。

居家防疫瘋，今天來點什麼？泡菜？泡飯？泡茶？三十年前曾經擁有一段「看海的日子」。1991年由高中教師轉任國小教師，被分派到和美國小，由於當時的我身懷六甲，只能通勤每天往返。每日披星戴月到風景區上班，雖然天天能幸福的看日出，但我總是累癱在車上補眠，經常被國光號司機大哥喊叫：「老師妳不下車喔！」記憶中有次還坐到頭城呢！只好自我解嘲：「我到宜蘭買名產。」一千多個日子來來回回，從來沒有停下腳步享受太平洋的煦煦和風，好好欣賞美景。時隔多年，決定重新前往。

十一點家裡出發，一路直衝瑞濱轉入水湳，攀爬蜿蜒山路，映入眼簾的黃金瀑布、鄉間美景盡收眼底。車子抵達茶壺山停車場，哇！居高臨下，不僅胸懷太平洋，更讓太平洋的和風親吻臉龐 —— 此時此刻，這美得冒泡的景色，讓妳暫時忘了焦慮忘了憂。

意外的美麗

這意外的美麗,不僅餵養視覺更療癒內在的靈魂。

上週「走海」,這週決定「轉山」,哪裡行呢?拉拉山!目標已確定立即行動,搭乘防疫期間我的私人 Uber(我家老爺)出發!

之前幾次提議去拉拉山賞櫻,Uber 司機總是以車程太遠拒載,耶!今日總算能如願。一路直奔大溪,順道走訪大溪老街,昔日訪客絡繹不絕的老街,三級警戒的當今,街道冷冷清清,遊客零零散散,不禁讚嘆國人的防疫水平。當然也不免俗的購買了伴手禮 —— 經典派,於是決定停車於中正公園在車上進行開箱小野餐。霎時間有如進入小學遠足,帶著食物踏青、野餐的時光隧道。餐後在公園隨意逛逛,看看木藝博物館(外觀)並遠眺大漢溪。不僅滿足味蕾,也餵養視覺更療癒內在的靈魂。此時天空飄起毛毛絲雨,拉拉山恐怕隨之泡湯了。不過這意外的美麗已令人心滿意足。

拉拉山下次見囉!

宅居在家百日 ── 解封放風趣
在這沒有疫苗的日子，我只能拿過去當「解藥」療癒自己！

被限制的生活令人鬱悶，從 2021 年五月十四日起無法自由活動。生活有如一杯「走味的咖啡」。日子平淡，視野限縮，彷彿回到兒時樸實的鄉間生活。對於已經習慣都會霓虹燈閃爍生活的我，著實有些令人不安。尤其是起初的一個月，確實無法靜心閱讀。因為對於生活步調，多了一分無法掌控的不安感。雖然至今仍沒施打疫苗，但老爺八月二十一日欲前往頭城開會，我大膽的「自我解封」跟隨前往。

入住座落於閒靜的烏石港，面對佇立於太平洋龜山島的海景酒店。從房內遠眺遼闊的視野景觀，感覺像天一樣的寬廣，如海洋般的遼闊，令人忘記眼前的煩惱。原來只要視線能及就能讓人定靜，能定靜自然能心安，心安則能逍遙自在。不禁讚嘆！好一個「定靜安慮得」！

眼前的景象喚起我兒時的記憶。就讓我帶大家穿越時空，跟著哆啦 A 夢回到過去。

場景：礁溪光武村武暖石板橋
坐在石板橋棚架下，極目細品池中睡蓮，飄過鼻尖的是熱風送來的青草香。聆聽圳溝潺潺流水聲、樹梢傳來的鳥叫聲，同時夾雜火車呼嘯而過的哐啷聲。我在尋找那些年我們一起走過的田埂、抓的蝌蚪、摸過的蛤蜊與壓箱已久的童年記憶。

在這沒有疫苗的日子，我只能拿過去當「解藥」療癒自己！

閨蜜伴旅遊
我們彼此約定往後還要一起出遊，走過更多的春夏秋冬！

已經記不得這是第幾次的閨蜜伴旅遊，不是我們常出遊，而是我們的情誼近五十年。她是我國中同學，她有三個哥哥，一個弟弟。住在「男生宿舍」的她，和「與兄姐年紀差距很大而孤獨的我」，一拍即合成為閨蜜，一路從國中到耳順之際。我們無話不談，即使不常見面，一旦見面後就聊個沒完，她更是我傾倒情緒垃圾的對象。不論是快樂時光或低潮時刻，我們總是彼此陪伴。

印象中，第一次出遊是我們已是少婦，帶著兩家四個孩子，當時大兒子適逢暑假出國遊學，女兒才一歲多，一起開著她的 Mini Austin 環島旅遊。不僅為我們留下小車裝滿一籮筐友情的回憶，也帶給兩家孩子學習分享的經驗。之後陸續利用寒、暑假帶兩家孩子出遊。孩子長大後，僅剩我倆彼此伴遊，退休半年論文提交之後，當時她剛到台東任職，因此我決定前往台東「探親」。之後每年三月我必造訪台東，活力充沛的她平日上班，假日還得充當導遊，帶我闖遍台東多處私房景點，前後共完成六次台東之旅。之後她轉職至嘉義、台南，當時正處在人生谷底時的我，還是她收留並陪我度過煎熬的日子。

這次更為了我防疫解悶，以及陪她度過「人生中第一次母親不在的母親節」，我們再次出遊。這次我們既不去環島也不去台東，我們選擇中部日月潭，兩個辣妹（薑是老的辣）三天兩夜放鬆享受湖光山色、大自然美景，盡情體驗之前不曾擁有的經驗。

首站景點紙教堂，本以為是座教堂，但其實不然，隱匿於不起眼的鄉間，看見為社區發展心懷一份執著的熱心人士，再次印證台灣是美好的！接著直達目的地——日月潭，入住雲品飯店，享受貴婦級的渡假。悶在家太久後展開報復性消費，完全不考慮銀兩的問題。其中，最特別的是自己不用臨櫃 check in，由住房樓層管家代勞，至於房裡的設備就更不再話下！安置就緒後展開踏查周遭環境、步道，享受悠閒的散步時光，聊著彼此的

近況。今天就在享受泡湯及播放晚安曲中進入甜美的夢鄉！

隔日行程驅車環湖，藍天白雲倒映於碧湖之中、樹藤圍繞蒼翠山嶺，雲霧飄渺間有如置身仙境之中，您說這是何等的享受？隨後搭乘纜車鳥瞰日月潭，纜車行程十分鐘，我還逗趣的調侃這纜車真的沒騙人，車程真的就十分鐘，不像有些人常常是信口開河，卻又無法信守諾言。

原定下午計畫單車環湖，由於此時天空飄起毛毛細雨，只好修改行程，明早再去，轉為室內體驗活動。第三天首次享受 room service 早餐，還真特別，由樓層管家送餐至房間，在戶外陽台欣賞湖光晨曦並大啖美食。餐後騎單車環湖去，從雲品出發至水社碼頭星巴克小憩，環視碼頭往來穿梭的遊客與鄰近湖光倒影，讓時光彷彿回到那少年叛逆的往昔，這就是閨蜜間的相處，無須穿鎧甲戴面具。

離開日月潭，午後的行程是個全新的景點 —— 車埕，很難想像鄉間裡有這一處世外桃源般的日式風情及鐵道文化，瞬間拉回高中通勤的怦然心動，通勤男女學生的戀戀純情。最後一站來到水里二坪枝仔冰，回味兒時紅豆冰的滋味。三天的旅遊不僅歡樂滿行囊，我們的情感也隨之升溫，我們還彼此約定往後還要一起出遊，走過更多的春夏秋冬！

在感情的世界裡旅遊
走在感情世界裡，走過的是風景，「成長」的才是人生。

「那會那會同款，情字這條路，給妳走著輕鬆，我走著艱苦。那會那會同款，情字這條路，妳攏滿面春風，我攏在淋雨」。近日打開新聞媒體，熱烈談論高姓立委的家暴事件，其中不乏名嘴或社會人士給予評論。為什麼台大的高材生又是能力很好的立委，怎麼遇到情感問題卻手足無措！感情的世界裡我們不是當事者，不該「說三道四」，但唯一能做的是「反對與譴責暴力」。

平日沒有追劇習慣的我，接受朋友的推薦後追了兩部連續劇，劇情談論現代女性的感情觀與人生價值。令我羨慕不已，新世紀女性知道自己想要與需要什麼樣態的男友或伴侶及生活型態，我也為此和女兒討論一番。女兒感嘆地回答：「就因為知道自己的需求，所以相對很難找到合適的對象。」真是如此嗎？我這輩子只談一次戀愛，初戀情人也是最後的戀人，我無法評論。但我知道任何一趟旅遊得先有藍圖再上路，當然途中的意外有時確實令人驚喜，只不過這意外的出現更是考驗您應變的睿智。

情字這條路的旅遊，雖然大家的行程安排可能是先友後婚，但每個人的經歷都是獨一無二的風景。大部分的戀情交往初期總是甜美，彼此矜持留給對方美好的第一印象，這階段的旅途，風景優美、風和日麗，雙方眼中看到的一切都是完美貼心，感覺彼此簡直是天生一對，宛如對方就是上帝送來的最佳禮物。

走過蜜月期後雙方原來的樣子漸漸走出舞台，衝突、爭執不斷上演。心理學家亞當‧格蘭特說：「最有創意的人，往往是在吵吵鬧鬧的家庭長大的。」衝突不是壞事，但應該得是「有產值」的衝突與爭執。原本來自不同成長背景的兩個個體，見解可能有異，需要不斷的對話與溝通，兩條平行線才能漸漸找到交集。此階段旅程的景色可能出現「晴時多雲偶陣雨」的天候，抑或外在風景雖美，但「心境」不美，感覺一切萬物竟然與自己作對。

接下來的旅程中，可能遇到狂風暴雨、泥濘不堪或深陷沼澤無法自拔，抑或是不甘心「沉默成本」，成為自己不離開的理由與藉口。在五味雜陳的掙扎中，看到有如世界末日的景象，甚至開始懷疑當初是否不該上路這段旅程。當然也有可能一路都是風景優美……。

是的，暴風雨會過去，太陽與彩虹會再出現，重要的是，走過這場風暴你是否學習或體悟了人生的真理，並把這些經歷當作下一段人生旅途的養分。自然界有黑夜白畫的變換而顯得彼此的重要，一年當中因為有四季的變化才能欣賞環境的豐富與變化之美。佇足不前是為了欣賞花開，如果花朵不綻放，你又何須流連忘返。試著仔細想想，在感情旅遊出發前我們不是獨自度過很長一段歲月嗎？能有人一起伴旅（伴侶）固然很好，但享受自己一個人的旅遊也是另一種幸福。唯有學習成長、經營自己愛自己、傾聽自己內在的心聲、活在當下、學習享受孤單，走在感情世界裡，走過的是風景，「成長」的才是人生。

親愛的！「心境」把我變美了！

Don't worry, be happy! 只要換一面「心境」！

馬賽爾‧普魯斯特曾說：「真正的發現之旅不在於尋找新的山水，而是要有新的眼光。」生活中原本應該處處是美景，一滴荷葉上的露珠或石牆上的一株幸運草都能帶來喜悅。但是最近這些都無法令我感到雀躍。

都是疫苗惹的禍，由於至今仍未施打疫苗，每天除了大安森林公園散步、做瑜珈與書寫隨筆外，生活極為平淡無奇。再加上擔心害怕受到病毒感染，心情變得更加鬱悶，對於生活中美好事物的細察與敏感度也變得遲鈍了，實在愧對「生活美學總監」的稱號。

記得六月造訪茶壺山時，曾經路過八斗子的潮境公園，當時因警戒而無法進入，疫情微解封之後已開放入園許可。就這麼決定，今天（八月一日）來一場生活美學作品即興創作，目標——潮境公園！車子行經台 62 線道，自八斗子下砸道，沿途經過濱海公路到達目的地。一路欣賞遼闊海天一線的美景、聆聽優美動人的音樂——電影《郵差》的配樂。此刻的我，以太平洋及陽光隱約穿透烏雲的天空為畫布，遊客為配角，再加上海浪拍打岩石激起澎拜的浪花為點綴，盡情揮灑彩筆完成美麗的畫作。

置身公園，悠閒地傾聽海浪演奏的樂章，漫步公園享受海風的親吻，觀察這被警戒許久後終於能出遊、滿臉喜悅的遊客。離開潮境公園時正值午餐時刻，老爺隨興的提議，我們午餐就吃福隆月台便當！於是驅車前往福隆，老爺購買兩個月台便當。此時此刻，這美味可口的便當、美景搭配柔和優美的旋律，當我沉浸在這美好的情境當中，瞬間感覺自己也隨之變得更加美麗動人！誰說生活不是處處是美學，只要我們換一面 「心境」情況就完全不一樣了唷！親愛的朋友，您是否也跟我一樣，想換一面 「心境」呢？

人生哲理

人生心電圖

人生有如一張心電圖，你的貴人是人生心電圖水平線下方的曲線，還是水平線上方的曲線？

人生的旅途中必定有許多的「貴人」伴隨著我們，有些貴人雖然能使你成長，但過程卻是痛苦煎熬的；有些則是在愉悅的情境下，令你欣喜的成長。例如職場中長官或同事的爾虞我詐，讓你練就一身功夫。或是婆媳問題，可能在經歷的過程中是痛苦的，但最終卻讓你修行得道而有神仙般的功夫。抑或是小三的出現令你難過，但足以讓你省思你的婚姻是否無堅不摧，更能正視自己的人生價值與自我獨立的能耐。人生有如一張心電圖，上述這些都是屬於在人生心電圖水平線下方的貴人曲線，此刻我想談談的是在水平線上方的貴人曲線（註：水平線上方的脈波曲線代表協助你快樂成長的貴人，水平線下方的脈波曲線同樣是成長，但過程卻是歷經煎熬與痛苦）。

大約十六年前我在女兒班上擔任「閱讀與寫作」的愛心媽媽。半年後台北市辦理「深耕閱讀」活動比賽。由於依照學校參賽送件規定，校內送件參賽件數已經額滿，學校委婉拒絕我的作品參賽。但我自認我的教學經驗值得分享，不參賽著實有些可惜（志不在得獎與否，只是抱持分享的心態）。於是我主動聯絡主辦單位承辦人員連組長，說明一切，並老王賣瓜自賣自誇的侃侃而談。

電話那端的連組長讚美的說：「媽媽，妳怎麼這麼厲害！這的確是很棒的經驗，值得分享。」就這樣答應我送件參賽。我當下只好表明我除了是家長，本身也是一位老師。

由於相談甚歡，連組長提及，她服務的學校九月開始有一個計畫——「指導弱勢族群的學生培養閱讀習慣」，屆時可否邀我一起合作參與。本來就十分重視弱勢族群教育的我，再加上連老師答應收件，我就投桃報李爽快

的答應。但我強調，計畫活動開始前得行文通知我服務的學校，取得校長同意才能批准公假外出。九月開學後果真學校收到公文，當時校長駁斥：「他們學校是沒人才哦！幹嘛要來借人！」我回答校長：「我是台北市的老師，資源本來就可以共享。如果校長不同意，就回文給對方，學校不同意黃老師週三下午外出協助指導閱讀。」最後才終於成功獲准。

猶記第一次與連老師見面時，有如初次見面的男女筆友，就只差嘴上沒咬朵玫瑰花（因為我們彼此僅透過電話聯繫，未曾謀面）以表明身分，沒想到這感情線一牽竟延續十六年。之後，更在連老師的鼓勵之下，我攻讀碩士的小苗快速地長大；不論是寫論文的困境裡還是許多參賽的稿件審查，連老師總一路陪伴著我，得以讓我不致於淹沒在學術海之中。

雖然事隔多年，如今回憶起來仍然歷歷在目，記憶猶新，而且與連主任的情誼仍如心電圖般持續脈動，永續不停。

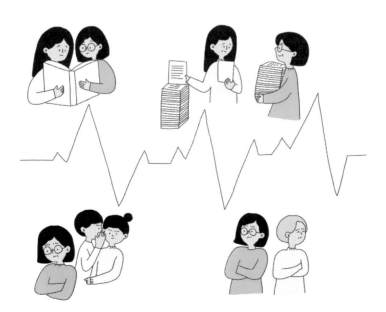

最美的風景

經歷這浩劫，讓我看到真的台灣最美的風景——「波麗士大人」。

有句話這麼說：「台灣最美的風景是人。」而今天我想大聲的告訴大家：「最美風景中堪稱『國色天香』的是波麗士（police）大人。」這話要從那年說起， 2016 年十月的傍晚時分，我在丹麥新港美人魚景點附近遭竊。當我發現所有東西被扒時，驚慌恐懼不已（電話聯絡台灣的孩子幫忙處理信用卡時還泣聲不斷，孩子貼心的問我：「媽咪！有人責備妳嗎？」而且他們都是專業的扒手）；急忙處理所有的證件、信用卡及提款卡後，隨即尋找當地附近的巡迴警車報案。殊不知警察竟告訴我們，得到中央車站警察局才能辦理。但是就算現在前去中央車站，已經是下班時刻（丹麥警局上班時間早上九點到下午三點）。聽到他們的回答，我簡直傻眼，在台灣，警察局可是二十四小時待命，難道下午三點後宵小就休息不再犯案了嗎？想到這裡不禁覺得身為台灣人真的好幸福！

到底是什麼樣的養成文化形成如此守法的國民素養，得以讓丹麥警察悠閒的工作，而台灣的波麗士大人卻如此辛苦，還常被民眾投訴？印象中，中歐的瑞士或北歐的挪威與丹麥，法令規定後就會嚴格執法；同時孩子自幼的法治教育更根深蒂固的植入腦中，每個公民以自己能守法而感到驕傲。因此就算是在沒有警察執法的地方，人民仍然奉公守法。反觀台灣社會的法治教育，筆試測驗成績高分者比比皆是，但卻是處處看見遊走法律邊緣鋌而走險的事蹟。

隔日一早，我依照警察的指示前去中央車站報案，赫然發現竟有一大票人和我一樣遭竊。據飯店服務員告訴我，因為中東難民逃入丹麥後造成竊案增多。完成所有手續後，得持這些文件到我國駐丹麥辦事處辦理臨時護照。十月九日，護照、錢包全丟了，雙十節老爺因為有一場重要的演講無法延期，獨自先回台灣。老爺離開時，擔心我沒盤纏度日，還特別向同行的友人借三百歐元，作為等待護照核發前的生活費。

談到這台灣在丹麥辦事處的承辦人員，實在令人不敢恭維，一副官僚心

態，令人生氣。十月十一日一早我搭車前往辦事處大樓辦理，經過一些表格填寫後，承辦小姐竟然告訴我，她很忙，所以得要二、三天才能領取護照。無依無靠的我僅能懇求她幫忙急件辦理，期望她能本著「親不親，故鄉人」的同理心，通融讓我下午取件。她很輕鬆的說：「妳可以去逛街或回飯店等候通知。」我無奈的回：「我所有的錢都被扒了，我也沒有心情逛街，我只想趕快回台灣。」我就是不想離開，而當時跟我一樣等待辦理的還有另外一位小帥哥也是心急如焚。

等待的過程中，辦事處的莊外交官剛好經過，於是停下腳步關懷的詢問，讓我倍感溫暖。他問我是自己到丹麥旅遊嗎？我說明與先生前來開會，但……。還聊起我的職業與孩子，外交官也談起他的孩子在紐約求學等等，我腦中突然出現：「不會吧！」世上真有這麼巧的事嗎？於是我告訴外交官，我大兒子的國中同學莊某某也在美國求學，外交官竟然回：「她是我女兒。」由於以往學校日或班親會都是夫人出席，所以從沒見過外交官本人，真的是無巧不成書。還好外交官雖然忙碌還知道我家兒子和他女兒同窗這事，就這樣我中午以前就欣喜的取得護照（當然那位小帥哥也託我的福如期取得護照）。總算可以買機票回家囉！經歷這浩劫，讓我看到真的台灣最美的風景──「波麗士大人」。

生命的脆弱與無常

我們要的很簡單，只是想活著看到明天的陽光，呼吸明天早晨清新的空氣！

昨日看到新聞播報，六月三十日彰化防疫旅館火災事件，造成四人不幸身亡，再度挑起我那驚恐的記憶。

兩年前的七月參加另一半的小學同學會，會後應同學的邀請參觀他的別墅。記憶中好像是在苗栗的郊外林區，環境優美、空氣清新，周遭充滿「芬多精」。參觀同學家後院時，發現有枝枯木線條頗為美麗。因此，央求他割愛，他也霸氣的答應。於是放入後行李箱載回台北，回家後將之放置在前院陰乾。兩週後想利用假日的早晨清洗清洗，以便用於花藝創作。洗著洗著，突然感覺左手食指有點刺痛，以為是被木籤刺傷，但感覺疼痛難耐，這次好像跟以前的感覺完全不一樣。就在慌亂之際，看到拖鞋旁一隻蜈蚣正望著我，我瞬間明白，「蜈蚣強吻我的手指」。此時，左手食指紅腫麻痛，且腫成原來的 1.5 倍，「惜命怕死」的我，恐懼的問老爺：「我會死掉嗎？」老爺立馬駕車奔往醫院的急診室。送醫途中，食指由紅腫轉為紫腫，麻痛加劇。終於火速的抵達急診，接受「解藥」注射後，症狀慢慢緩解。平日堅強的我，也不得不承認「生命的脆弱與無常」。當今被疫情肆虐的台灣，我能體會大家的心情。我們要的其實不多，就只簡單的想活著，看到明天的陽光，呼吸明天早晨清新的空氣，這樣的要求算奢侈嗎？

中「頭」獎

別以為只有年輕人才會行事輕率疏忽！

退休後想盡早完成論文，因此每天坐在電腦桌前大約十小時之久。約莫三個月後，左半身經常背脊疼痛無法入睡，求助無門（即使已經復健還是療效不佳），得靠止痛藥度日。心想這樣絕對不是長久之計，只好嚴格要求自己，工作四小時後就得離開電腦桌，外出散步，搶救病入膏肓的肩頸背脊，也因此養成每天「閱兵」台大校園內的花草樹木。某日結束閱兵到家後，想查看大門屋簷平台上的爆竹紅生長得如何。於是，一腳踩踏在院子裡槭樹旁的狗屋，另一腳再攀爬到槭樹上（身手還算矯健）。但是，說時遲那時快，竟撞到大門屋簷的尖角。當下覺得有些疼痛，額頭雖然有點濕熱的感覺，但以為是戴著鴨舌帽比較悶熱而導致流汗，也就不疑有他。

直到進到屋內脫下帽子，赫然發現滿額頭的鮮血，驚覺自己中「頭」獎。驚慌中盡速以紗布壓住傷口，並趕緊喊叫睡夢中的大兒子：「媽咪受傷了，快送我到醫院就診！」母子倆火速驅車前往醫院就醫，經醫師確診後，立即推進開刀房進行手術縫合傷口七針，完成手術後終於平安。手術進行中，老爺也趁空檔時間前來關注，並且責備幾句：「要注意安全，年紀不小了還爬這麼高，以為自己還年輕……。」

經歷這件事之後才深深體會，所有的意外都是因為一時疏忽而造成。此時，耳邊更響起兒時母親諄諄的教誨，「斤節無蝕本」（台語：凡事謹慎小心不吃虧），做事情要瞻前顧後。朋友們，別以為只有年輕人才會行事輕率疏忽，即使像我已屆知天命的年紀，仍會犯下如此不可思議的錯誤而導致意外發生。千萬別因為便宜行事或忽略生活中的安全小細節，而造成不可收拾的遺憾……。

靈魂急轉彎

世上最幸福的事，是將自己的亮點與心流結合所從事的職業，而成為志業。

電影《靈魂急轉彎》中的主角「喬賈德納」在劇中是個天生的爵士鋼琴家但不得志，任職於國中的音樂教師。有一天，他獲得期待已久的演奏機會，卻因失足受傷昏迷而陰錯陽差，喬的靈魂來到「投胎先修班」。他在這裡遇見修行多年卻無法畢業的「靈魂 22」，讓喬重新審視自己的人生價值⋯⋯

電影中談到「靈魂 22」始終找不到生命中的「火花」，因而無法畢業投胎。「火花」到底是什麼？是夢想、熱情還是天賦？我認為是自己的亮點與心流。

您是否仔細認真思考過，人生的價值與意義是什麼？是要平庸過一生？還是想不斷地找尋「火花」？或是追尋「志向」？我小學三年級寫作文「我的志願」時就立志，長大後想當老師。我努力思考自己何其有幸，能將火花（自己的亮點與心流）結合所從事的職業，而成為志業。

在人生旅程中有多少人能這麼幸運與幸福，我不得而知。許多人如《靈魂急轉彎》中的喬一樣活了大半輩子，不知道自己想要的人生樣態是什麼，直到離開人間後才開始仔細探討自己的人生。有些人卻是如另外一人「靈魂 22」，已經是先修千年仍沒有勇氣面對投胎轉世。直到遭遇到時空錯置之後，才真正體會活在每一刻的重要性與價值，去享受每一個美好的當下。

「活在當下」這道理看似簡單，卻行之不易。而我也期許自己未來的人生都能享受每一陣微風拂面的幸福；享受每一回泣不成聲的悲傷；勇敢面對著膽戰心驚的恐懼；堅強挺過每一個跨不過的檻。

希望就在轉彎處……

你要相信，「生命總會為自己找到出口」。

我在平凡生活中遇見非凡，這事發生在去年。每日例行的行程——巡禮台大校園。台大儼然是我家的後花園，不同的季節展現不同的樣貌，四季的變化令人驚豔。愛花木成痴的我，總喜歡於漫步中欣賞花草樹木的英姿。小葉欖仁從初春冒出新芽，來到仲夏的綠意盎然。某日赫然發現，在主枝靠近根部的地方，有支歪斜的粗枝竟然長著肥大的欖仁葉。我好奇且懷疑的一探究竟，是接枝嗎？還是像雀榕一樣是鳥媒介造成？幾經仔細查看，我不禁讚嘆植物的生命力。「生命總會為自己找到出口」，唯有清楚明白自己的生機所在，始能讓生命力延續。連植物都知道在群雄爭戰下爭取陽光，朝他處發展尋找自己的出路，即使是彎個腰、轉個方向又何妨？反觀號稱萬物之靈的我們，卻常常怨天尤人的嚷嚷，怪烏雲罩頂讓我沒有出頭的機會。感謝這大自然的老師「小葉欖仁樹」給我莫大的啟示——「轉彎、轉念」！

渴望消失的 2020 年

貝多芬說：「苦難是人生的老師，通過苦難走向歡樂。」

天下父母心，總是希望孩子能健康平安的長大。去年我遭逢人生非常巨大的事故，面臨這種重大的考驗，我最後選擇轉念，告訴自己：「還好只是骨折，沒有……或身亡。」埃斯庫羅斯說：「沒有人能平安無事過一生。」如果人生旅程中都得經歷跌倒的痛苦，就當這次的事件是上天早已安排的考試，讓從小到大一路平順的女兒，藉此機會成熟長大吧！

俗話說：「No news is good news」，以前始終對這話感到懷疑。但經歷一場傷痛之後，終於能體會這句話真正的意義。去年的暑假中，某日晴天霹靂般接到女兒的消息：「媽咪！我發生車禍，手肘骨折，剛剛離開醫院。」說實話，我當時思緒混亂根本無法再聽進任何的話語。腦中只有怎麼會這樣？為什麼會這樣？到底是怎麼發生的？當然更有一股衝動想立即飛去紐約……。心中雜亂的思緒五味雜陳，倒是孩子反而在安慰我。脆弱無助的我只有以淚洗面，更是徹夜未眠，雖然傷在兒身卻是痛在娘心。

當孩子告訴我是搭乘機車發生意外，我生氣的直接反應：「我不是三申五令不准騎機車嗎？」電話那頭的女兒委屈的說：「我已經受傷而且非常的痛了，妳還責備我。」美國的醫療體系本來就不如台灣便利，再加上疫情當前的紐約，這種狀況根本不算急重症。當她被送到醫院後竟在急診等候一整天，最後才有醫護人員前來問診；問診後又碰巧遇到醫院骨科醫師休假，因此只好幫她轉院，終於安排於一週之後進行手術。這過程中我們一直希望女兒能回來台灣就醫，但女兒因種種因素考量，所以還是決定就留在美國治療。

術後一週與女兒聯繫，女兒表示她的左手無法翻轉。此刻，我內心的無助難以形容，平時視為稀鬆平常的「易如反掌」，如今竟不再容易。焦慮擔心再度湧上心頭，心想術後漫長的復健之路才是煩惱的開始呢！女兒也為這伸直後的手無法彎曲，然而彎曲後又面臨無法伸直，擔心一輩子可能無法自理梳頭，更焦慮的是之後恐無法再翩翩跳舞，此刻，聽在我耳裡自然更加不捨。

歷經三個月復健，左手恢復還是不甚理想，經醫師診斷後找出真正的原因：手術部位組織沾黏，得再次手術清除沾黏的結締組織。另外除了沾黏問題外，還有首次開刀傷口縫合的傷疤問題得一起處理，因此，我與老爺堅持這次得回台灣處理。女兒終於在 2020 年十月二十五日回到台灣，解除防疫隔離後再度進行手術。手術當天我在開刀房外等候四、五小時，雖然老爺已在開刀房內隨侍，但我還是堅持守候。當手術結束後，主治醫師向老爺宣布今後一切活動應該都能恢復自如時。老爺竟在電話那端放聲大哭的告訴我：「終於恢復了！一切都能恢復正常了。」

住院期間與女兒聊起整個事故發生的過程，孩子認真地述說：「等我上了年紀之後，我還是想居住在台灣，台灣在醫療方面非常人性化。雖然美國的醫療原則是不浪費醫療資源，但是在昂貴的醫療費用下，窮人是沒有生病的權利的。車禍發生的當下，我竟然還為了經濟上的考量挑選醫院就醫。因為除了醫療費用外，叫救護車也是一筆昂貴的支出。聽到這裡，內心的不捨與強忍不住的淚珠泫然流下。在台灣這孩子是掌上明珠，在異鄉竟是一介貧民，為母心中的痛絕非紙筆所能形容。

出院後，接踵而來的是復建療程，但時間僅有短短的一個月，女兒得再回去上工。接下來每週的復健門診，看著女兒痛苦不堪卻堅強忍受的樣子，看在我眼裡萬分不捨，每次我都僅能轉頭拭淚強忍淚崩。復健師還讚美我：「媽媽怎麼這麼冷靜。」其實，一點也不，我的內心是淌血的！

貝多芬說：「苦難是人生的老師，通過苦難走向歡樂。」雖然深知沒有經歷考驗的人生不能算是人生的道理，但當初真的相當痛苦，也著實希望 2020 年的時間巨輪消失於眼前。如今事隔一年後已釋懷，看著女兒已能翩翩熱舞，綻開燦爛的笑容，再度展顯她自信的人生，並坦然接受這上天有意安排的考驗。雖然一切已恢復如常，但不得不說，這成長的代價也太大了吧！

生生不息滾滾水道橋

大自然的奧妙生生不息！春耕、夏耘、秋收、冬藏展現四季不同的風貌與景色。

文化或許有別，但睿智無異，不論是台東二層坪水橋還是古羅馬水道橋，對人類來說都是非常重要的建設。位於西班牙賽哥維亞的高架輸水道，是古羅馬遺跡（1985 年列為世界遺產），全長 794 公尺、寬 5.1 公尺、高 28.5 公尺共 167 拱門，水源引用來自 17 公里外的冷水河。1997 年修復後，「阿索格霍廣場」（Piaza Azoguejo）如今已成為行人專區作觀光之用。

至於二層坪水橋是台東縣鹿野鄉瑞隆村縱谷版的「水往上流」，由鹿野在地人民挑土墊高水路，當地人稱為「浮圳」。2016 年由台東水利會重建揭牌，成為台東知名景點之一。

水對於民生乃重中之重，古今中外皆然。台灣地形特殊不僅河身短、坡度大而且水流湍急，一旦下雨很快地就流入大海，導致無法蓄水，造成缺水問題，值得全民重視與警惕。尤其是去年梅雨季雨量不足，再加上颱風總是過門不入，造成今年嚴重的旱災。千萬別小看這民生用「水」，除了供給人們使用，它還蘊含著極深的哲理，它能隨任何器皿變化自己，隨環境而型塑，柔弱中帶著穿石般的剛強。

大自然的奧妙，生生不息！春耕、夏耘、秋收、冬藏展現四季不同的風貌與景色。此時此刻望眼田中的新苗，令人擁有滿懷的希望，這全拜這浮圳「二層坪水橋」所賜。俚語說：「一粒米，百粒汗。」當我們享受餐點時更要感謝背後辛勤耕耘的農夫們。

夢想起飛

有夢最美，築夢踏實！

回首三十五年前，當時還未婚，某日與老爺相約在他的工作場所碰面，在等待老爺下班的時刻，無意間看到「員工社團活動 —— 插花社」正在上課。事後我向他提議，我想學習插花，老爺立即回應我，只有「員工或眷屬」才能參加。我把這話謹記在心，直到 1987 年元旦後與老爺結婚，我正式成為眷屬，從此開始我的「插花人生」。期間歷經懷孕、育兒，始終沒有因為忙碌而放棄這最愛。時至今日，插花創作仍在我生命旅程中居重要的地位。

四月二十一日欣賞奈良美智的展覽，心中暗自喃喃：「平平六十歲，哪也差遐濟？（台語：同樣六十歲，怎麼差這麼多？）」我與奈良美智同年生，奈良美智他自 1984 年開始創作，歷經三十多年，他能巡迴展覽於世界各地，而我卻……此刻我心中萌生「習花三十五週年插花展」，沒有目標的夢想只是幻想。因此，期許自己能交出插花三十五年的成績單。不是在此時，不知在何時，我想大約會是在冬季。啟程囉！帶著夢想向正北方飛翔！

三級警戒 —— 居家滿月

珍惜眼前的所有，擁有這一切絕非理所當然！

當「自由行走」不再是理所當然時，才頓悟之前的日子是何等的奢侈與幸福（隨時可以外出走跳）。為了自己、為了所有的一切，我宅在家中。以前欣賞好山好水僅覺得她就是「美」，從來沒感覺她的療癒效果這麼好，此時此刻更珍惜映入眼簾的美景。我們活在等待及盼望的日子，希望早日回到無憂自在的生活環境。

我逃獄了！

逃獄，看到的大安森林公園景色比之前更美，盡情享受這溫暖的陽光！

三級警戒後我被禁足，家人覺得我是老人，屬於高危險族群。再加上未施打疫苗猶如沒有穿防彈衣，因此，不得外出趴趴走。就連每天晨間到大安森林公園健走的運動也得停止。雖然每天宅在家做瑜伽，仍覺得運動量不足，而且腳程也退步，步伐也不曉得是否因為體重上升而不再輕盈。我決定就在今天「越獄」！今天想跟太陽約會去！出門前，室友三申五令的交代，帽子、面罩、口罩……，路上不要亂摸，還要遠離咳嗽的人等等。

大安森林公園我來了！睽違許久的大安森林公園並沒什麼多大變化，倒是運動的人比五月十五日時多了些。幸福是透過比較而相對有感，逃獄，看到的大安森林公園景色比之前更美。此時，更想脫下帽子，好好享受這溫暖的陽光！

我願意 —— 原子習慣養成記
改變就從微小處著手。

我願意，我願意⋯⋯

自五月十五日三級警戒後無法外出，五月二十五日一早起床想做做瑜伽，竟然筋骨頂摳摳（台語：硬邦邦），自五月三日最後一次上瑜伽課後就停滯休息，難怪⋯⋯。算算已有三週沒活動，被自己的筋骨嚇著了，決定每天做瑜伽，讓自己活得更優質。就從今天開始，熱身三十五分、拜日式三十分，是每天的早課。起初確實頂摳摳，前三天熱情十足，一週後開始熱情消退，早上醒來躺在床上便意興闌珊，但最後意志力還是戰勝惰性，起身⋯⋯。十天過去了，身體的柔軟度進步了，持續進行至第十八天發現左腰不再那麼緊繃，而且竟連往前劈腿也可以伸直。哇！成就感十足！因此，我願意 —— 持續做瑜伽運動，就如之前健走的習慣。為了更好的生活品質，我願意，我願意⋯⋯。

DAY 1

DAY 10

DAY 18

忘年之交
不在乎天長地久，只在乎曾經擁有！

人生旅程中，什麼時間、在什麼地點遇到什麼人，似乎冥冥中早已有所安排，強求不得。退休後，屬於自己的時間與空間著實增加不少。因此，成為名符其實夫唱婦隨的跟屁蟲。七年前的九月隨老爺前往花蓮開會，由於倉促間決定跟隨，車票不易購得，只能分段購買。台北往羅東，兩人分別乘坐不同車廂，羅東往花蓮，兩人再會合。

於台北上車後，眼見一位媽媽帶著兩個小男孩入座於我的鄰座。待他們坐定後，我看了身旁的小朋友一眼，以專業的眼光猜出這小男孩的年紀。從小男孩的眼裡，可以感受到他的驚訝！接著我們天南地北的聊著，我更以未卜先知的語氣說：「你們要去羅東嗎？」因為這個座位，羅東之後就輪到我家老爺乘坐。聽到我這麼說孩子們與媽媽雙雙嚇了一大跳：「妳怎麼知道呢？」經過我說明原因後，我們再度聊開，孩子們聊起他們就讀日新國小。我主動告知他們，我不僅認識貴校的邱校長而且還是朋友哦！聽我這麼說，這位媽媽便央求可否跟我合影，我爽快的答應，並告訴他們可以拿這張照片去向校長求證，看看我所說的話是否屬實喔！沒想到這天真的孩子，假期結束後真的拿著照片見邱校長去，並且與校長合影後還將照片寄來給我。同時，更邀請我前去參加他們學校的體育表演會。

雖然已退休離開學校一段時間，但是面對天真的孩子，仍然有著多一分的親切感，因此得來這「忘年之交」的緣分。原先認為從台北到羅東無法和老爺乘坐同一車廂有點遺憾，沒想到卻換來更難得的回憶。

人生有如搭乘經歷一段長途旅程的列車，旅途中，隨時都可能有乘客上車或下車。我們無法掌控隨行的夥伴與相聚時間的長短，唯有珍惜當下。就誠如一句廣告詞：「不在乎天長地久，只在乎曾經擁有。」讓每一個美好的當下，串成這美妙的「人生旅程」！

像極了愛情

戀愛滋味酸甘甜 —— 五種氣味唷！

居住台北三十五年，由於家庭、工作兩頭忙，再加上……，即使是已退休十年，也沒想過以「追夕陽」療癒自己。疫情宅在家無聊的日子，為自己找樂趣去，所以選擇一種既不傷害自己又不造成社會負擔的方式——「追太陽」。上網查當日落日時間是六點四十五分，五點二十分從家裡出發，此刻的心境有如初戀少年郎初嚐戀愛的滋味，期待且充滿幻想。終於終於能一窺她的「廬山真面目」，哇！眼睛為之一亮，即使已經戴上太陽眼鏡，仍擋不住她閃耀的光芒。滿足的滋味——酸甘甜的初戀滋味！

忍未條！

既期待又怕受傷害！

相信最近有不少人，有著跟我一樣的心境與經驗，既期待又怕受傷害。照常理而言，開箱的心情應該是喜悅、興奮的，但此刻要開箱的我，卻是擔心、害怕、恐懼……五味雜陳的。

平時喜歡 eye shopping & window shopping，三級警戒後，雖然「逃獄」到大安森林公園走跳，但是已將近一季沒有去商場逛逛了，心裡癢癢的，「凍未條」。因此讓未施打疫苗的我，決定在七月十一日冒著生命危險出門逛街。全副武裝，三罩一套（帽子、面罩、口罩及手套），同時還以「搶頭香」的精神，選擇單一櫃位、開放空間及獨立空調的三井 outlet——三宅一生。

七月十九日觀看午間新聞時，驚見新聞播報：三井 outlet 有櫃員確診。此時，腦筋一片空白。「不會吧！怎麼會這麼準啊！莫非定律，竟然毫不客氣地出現！」坐立難安兩天，簡直度日如年。曾經有兩度要求老爺：「我要快篩！」老爺皆以專業的判斷為由「駁回申請」。終於在第三天的晚上（七月二十一日），我已經「忍未條」了！伸頭一刀，縮頭也一刀，我決定採檢面對現實！

一切採檢程序總算完成，忐忑不安地等待十五分鐘後的宣判。此刻的心情，感覺有如回到三十幾年前驗孕般。只不過，不同的是以前盼望「陽性反應」，而今卻是希望「陰性反應」。想知道宣判的結果嗎？答案就在……

仁慈、人慈

「老吾老以及人之老，幼吾幼以及人之幼」，世界大同！

每天高唱《總有一天等到你》，等待五個月終於等到「詠春劑」，我想這可能不是空前，但應該是絕後吧！試問你的耐心可以承受多久的等待？等待一、二、三個月可能還會忍受，但是眼看著身邊周遭的人都完成疫苗施打，人人穿起一件件心安的防彈衣後，你是否還能怡然自得呢？老實說我的韌性強度不夠好，大約經過 130 天後，我開始有些心浮氣躁而不太能耐煩，甚至心中有些焦慮、憂鬱，隨之原先強烈的正能量竟然一天天的遞減。這流彈不僅殃及自己外，首當其衝的當然是同住的家人 —— 老爺。難怪依據 2020 年統計資料顯示，因為疫情而導致的婚姻危機與家庭變化比疫情爆發之前還多。

《禮記》中的〈大學〉云：「樂只君子，民之父母。民之所好好之，民之所惡惡之，此謂之為民之父母。」執政在位當知民之憂患，於心何忍，讓全民生活在驚恐沮喪之中。不論是卡繆的《鼠疫》一書或是羅格·布雷格曼的《人慈》書中對人性的見解都相信「人性本善」，尤其是當人類面對重大危機時，人類的優秀素質會更加顯著。卡謬說過：「世界上的罪惡，差不多總是由於愚昧無知造成的，沒有見識的善良願望，會和罪惡帶來同樣多的善良損益。」羅格·布雷格曼於《人慈》書中也談到，1940 年德國轟炸英國時，這危機更「逼出人類的優秀素質」。羅格·布雷格曼認為人類可稱讚之點多於其可鄙視之處，而且他對人類的命運是樂觀的。自從 2019 年爆發 COVID-19 至今，不論是最初的口罩議題，還是後來的疫苗之亂，再再看到台灣民眾的「仁慈」本性與優良素質。例如「我 OK！你先購」，後來更看到有些長輩願意放棄自己優先施打疫苗的權益，禮讓年輕人，或許這正是上天想藉由疫情來證明「人性是優質的」。

其實，在等待的過程中，我也試著不斷的對自己信心喊話：「我是健康的，所以老天對我做這樣的的安排。也由於一直在等待施打疫苗，因而不敢到處趴趴走，所以能靜心完成小品研擬出版，這一切都是上天最好的安排！」施打疫苗當天就診時，醫師更驚訝的問：「妳都已經六十二歲了，

怎麼會等到現在才施打呢？」我無奈地回答：「我被處罰。」後來醫師補上一句：「可以見得妳非常健康！」我雖然也是這麼告訴自己，「我是健康寶寶」，但是像我這樣的凡夫俗子，疫苗對我而言，有如一把鑰匙可以開啟我內心的安全枷鎖，感覺心靈與行動皆能自由無阻。

祈求病毒能早早退散，讓全球人類再回到以往的生活模式，畢竟我們已經體驗，也經歷了！而且也以「仁慈、人慈」的信念來實踐，進而達到「老吾老以及人之老，幼吾幼以及人之幼」的大愛精神。我終於也擁有一張黃卡了！

孤「單」不孤獨

靠山山會倒，靠人人會跑，唯有自己最可靠。

常人都說六十歲後的人生需要有老本、老友與老伴（共同興趣或嗜好的夥伴）。但是當前因疫情而改變生活型態，老友不能聚會，雖然可以視訊卻不如晤面來得有溫度；老伴無法群聚，許多的社交活動受限或被迫停止；老本更是無用武之地。此時找到陪伴自己的生活模式倍顯重要。你陪伴自己的方式可能是運動、旅遊、散步或是……。在生活行動與空間可以自如、無所拘束時，這一切完全不是有問題，可是一旦生活起了變化，你怎麼獨處呢？

今年初，原本計畫暑假期間參加「內觀」（關於自我覺察與靜坐）活動，但因疫情而打亂所有的計畫與安排。在這段期間我找到一種陪伴自己的模式：寫作。寫作不僅能讓自己勇敢面對脆弱與不完美的自己，不用把內心世界公諸於世又能療癒自己的傷痛。撥弄傷疤固然是痛苦，但總比覆蓋傷口不去清創而讓它隱藏惡化更好吧！透過寫作剝開一層層的枷鎖，來與自己的內在小孩（一個比自己還了解自己的人）對話與和解，其療效不亞於內觀。兩者都是覺察，前者是思維與靜坐，後者是思維透過筆墨抒發思緒。

從今年二月開始，我養成每天寫晨間隨筆的習慣，記錄、規劃一天的行程。起初就真的只是隨筆，漫無目的地讓思緒隨筆尖流動，漸漸的我找到自己內在的思緒、需求與渴望，進而真誠的面對自己的種種……。這一切當然無法立竿見影，但著實看見自己的成熟與蛻變。

或許你現在正處在雲端世界，放眼望去都是燦爛的陽光，是人生的勝利組，無須找尋陪伴自己的方式。但如果你正處在人生的谷底，或是正站在人生的十字路口，努力尋找陪伴自己的最佳模式，可就是當務之急。俗話說：「靠山山會倒，靠人人會跑，唯有自己最可靠。」親愛的朋友，沒有人希望孤獨，但萬一非得面對時，你是否能有萬全準備？你得仔細思考自己人生方向，讓未來的時光能趨向隨心所欲，不僅能怡然獨處還能享受孤獨之樂，同時告訴自己，我孤「單」但不孤獨！

材與不材

「為五斗米折腰」？或是「鞠躬盡瘁」？且聽莊子怎麼說。

莊子《山木篇》：「莊子行於山中……，弟子問於莊子曰：『昨日山中之木，以不材得終其天年；今主人之雁，以不材死；先生將何處？』」為什麼山中的樹木因為不成材，得以保存沒被砍伐？而反觀莊子友人卻吩咐僕人殺死不會叫的鵝，款宴友人。樹木成材就會被砍，鵝卻是因不成材而被殺，何時該表現成材？何時又該收起自己過人的長才呢？人生該何去何從呢？

莊子告訴我們他的人生哲學：「介於成材與不成材之間」，既不要出人頭地、獨占鰲頭，也不要落人後而墊底。莊子認為表現「材與不材」得視情勢變化而彈性調整。試想誰不期盼出人頭地，只要心思行為本著「善、正」，以大愛胸懷來完成每一件事，此時成材的你能對社會有所貢獻，何須隱藏其材？劉向《說苑》提及「士為知己者死」，如果與主子理念不同，是否該因為「道不同不相為謀」遂拂袖而去！

猶記自己的職涯之中，也曾面臨這種情形。二十四年前由於自己的教學理念、人生價值與校長的期待有所落差，我選擇良禽擇木而棲，應聘至他校，成為台北市第一屆考試應聘的國小教師（1997 年以前市內教師調動採取積分調動制）。千里馬也得遇到伯樂，才能發揮長才。高居上位者能否識才辨士，適才適所相當重要，讓每一塊良材都能放置於合適的場域，各司其職、各盡所能；哪怕就如簡單的榫頭或卯眼也皆是材，何不材之有？

至於每個人何時該表現「材」或「不材」，端視自己的職場狀況而定。是該隱藏鋒芒，「為五斗米折腰」或是願意為相知相惜的長官「鞠躬盡瘁」展現長才，有賴聰明的你作智慧的抉擇。其實，改變才是萬世不變的道理，當然也是人與人間不變的相處之道。大丈夫要能屈能伸，隨情勢變化而彈性調整自己的腳步。

斜槓人生
你想擁有幾把刷子？

你有幾把刷子？沒有兩把刷子怎麼混社會？這是江湖道上的口氣！而現在時下的年輕人他們則稱它為「斜槓人生」。斜槓亦作 slash，斜槓族 slasher 乃指多重職業者，2007 年《紐約時報》專欄作家瑪希·艾波赫（Marci Alboher）提及後開始流行。回顧這二十年，我也開創了我的「斜槓人生」，為自己創造多項工作機會，成為斜槓老年。

與其說多重職業，不如說是我多元的興趣與熱情。就先從「讀書會帶領人」說起吧！自接受培訓後我先後成立五個不同社群的讀書會，在此我想向大夥介紹兩個特別的讀書會。「書福讀書會」（成員是學校裡的低年級老師群），平心而論，這個讀書會是凝聚學年群教師合作力最好的方法，透過大家的腦力激盪，許多的問題自然迎刃而解。另一個是「心苗讀書會」，主要成員為校園內弱勢族群的孩子。這群孩子參加讀書會後，竟抱著我感動的說：「老師，原來有空的時候，不是只能看電視或打混而已！」再談「播音員」角色，最大的享受是，每週二透過訓導處播音系統向全校的學生問候時，那全校孩子熱情的回應：「粉紅豬老師午安！」聽到這樣的回饋，縱使常因緊湊的廣播行程延誤用餐或無法午休，我仍然是精神奕奕，因為我已喝下「精力迷湯」。至於「說書人」這本來就是我的興趣與專長無庸置疑，不過成為說書人，最大的附加收穫是女兒的成長（參閱「最佳拍檔說書人」一篇）。

退休四年後終於設立青苑藝文坊，自稱為「生活美學總監」。希望能將美學藝術生活化，並於生活中看見美學藝術的深度。讓美學藝術，就如呼吸般的自然存在於我們的生活周遭。學習插花三十幾年，取得草月流理事證書後，開始執業成為「插花老師」。將自己多年的插花經驗與技能分享與傳承，招收學生不多，採以個別指導方式。但願學生能在不受干擾的情境下專心的學習，精進花藝技巧。另一把刷子是「閱讀與寫作老師」（簡稱為作文老師），完全本著「玉米田」概念的初衷，不僅希望自己的玉米田裡有著優質的種子，更將之分享給周遭田園，以免不良品種玉米，因風的

媒介傳播而影響自己的玉米收成，把指導自家孩子的絕活無私的傳授給學生。

談到「防疫作家」，還真的是無心插柳，柳成蔭。自五月中旬三級警戒後，一切平常作息被迫受到限制，無法外出自由活動。所有對外的課程與互動瞬間停擺，有如被精靈仙子的魔棒點下暫時停止般，生活備感枯燥無味，只能藉著回憶過去療癒自己。坐在家中想想這六十年的歲月，忽然靈光乍現，就寫寫曾經收藏於心中的「話匣子」吧！老爺還調侃我是「防疫作家」呢！

有幾把刷子，對於退休的我可能不是那麼重要，因為我已不用在江湖打滾，但是擁有生活熱情絕對是不可或缺的。感恩老爺的支持，讓我生活無虞，得以擁有精彩的「斜槓人生」（劇本的多重職業）。雖然這斜槓人生並沒為自己賺取更多的收入，不過卻賺得滿滿的快樂、朋友與成就感。親愛的朋友，您想擁有幾把刷子呢？只要您願意也可以開創您的「斜槓人生」。

Farewell Party
為自己舉辦一場真誠的生前告別式，讓雙方都能感受到彼此的溫度！

《The Farewell》（別告訴她）電影中，一家人為他們生病且瀕臨死亡的奶奶辦理「生前告別式」。生離死別乃人世間每個人皆會面對的課題，由於家父早逝，所以在我心中始終覺得四十六歲以後的歲月，都是我有幸多得的。猶記年輕時與孩子們討論死亡議題，當時孩子們曾問：「媽咪，妳想活到幾歲？」當時我回答：「六十歲（因為愛漂亮的我感覺六十歲的老嫗可能會出現老態變醜）！」如今我已超過這年紀了。

印象中兒時母親教誨：「什麼事都要學習，唯有死亡不要學習（意指活到老學到老）。」現在回想起來我想反駁母親的教誨，其實，「死亡」這門學問更該好好學習，及早做好準備，不論是對家人或自己都是重要的課題。回憶家母離開人世前的餘命歲月中，兩、三年都處在「彌留」狀態，即使之後甦醒，也僅能以眼神及淚水或嘴角的顫動來表達自己的情緒。雖然兒女的心境是想抓緊這僅剩的相處時光，但對於臥床的母親或許並非……就因為彼此都沒有做好準備，許多的話語與行動完全來不及表達，造成遺憾。

年過六十後，某天我隨口交代老爺：「萬一有天我發生意外，我可是要放棄急救，而且還要『器捐』，同時還要告訴我所有的親朋好友們，『感謝有他們的陪伴』，讓我的生活因而多采多姿，人生充滿樂趣！」可是如今我改變主意了，為何不在活著的時候辦一場「Farewell Party」！彼此真誠的告別，至少雙方都能感受到彼此的溫度，哪怕是「債務」也別遺留到來世（下輩子）再還！

PEOPLE 478

課堂外的媽媽經：「粉紅豬」老師的教學日誌

作者	黃淑青
插畫設計	AHCHEN
協力編輯	杜曜霖
責任編輯	陳萱宇
主編	謝翠鈺
行銷企劃	陳玟利
封面設計	AHCHEN
美術編輯	菩薩蠻數位文化有限公司
董事長	趙政岷
出版者	時報文化出版企業股份有限公司
	108019台北市和平西路三段240號7樓
	發行專線：(02)2306-6842
	讀者服務專線：0800-231-705
	(02)2304-7103
	讀者服務傳真：(02)2304-6858
	郵撥：19344724時報文化出版公司
	信箱：10899臺北華江橋郵局第99信箱
時報悅讀網	http://www.readingtimes.com.tw
法律顧問	理律法律事務所 陳長文律師 李念祖律師
印刷	勁達印刷有限公司
初版一刷	2022.03.18
定價	新台幣350元

缺頁或破損的書，請寄回更換

時報文化出版公司成立於1975年，並
於1999年股票上櫃公開發行，於2008
年脫離中時集團非屬旺中，以「尊重智
慧與創意的文化事業」為信念。

課堂外的媽媽經：「粉紅豬」老師的教學日誌/黃淑青著.
-- 初版. -- 台北市：時報文化出版企業股份有限公司,
2022.03
面 ； 公分. -- (People ; 478)
ISBN 978-957-13-9976-8(平裝)

1.CST: 人生哲學

191.9   111000606

ISBN 978-957-13-9976-8
Printed in Taiwan